# 사자 소학으로 배우는 인성한자

# 사자소학으로 배우는 인성한자

**펴낸날** 2014년 11월 25일 초판 1쇄 | 2021년 6월 17일 초판 4쇄
**펴낸이** 김상수 | **기획·편집** 서유진, 권정화, 조유진, 이성령 | **디자인** 문정선, 조은영 | **영업·마케팅** 황형석, 임혜은
**펴낸곳** 루크하우스 | **주소** 서울시 서초구 사임당로 50 해양빌딩 504호 | **전화** 02)468-5057 | **팩스** 02)468-5051
**출판등록** 2010년 12월 15일 제2010-59호
www.lukhouse.com   cafe.naver.com/lukhouse

ISBN 979-11-5568-053-7 64150
ISBN 979-11-5568-052-0 [세트]

※ 잘못된 책은 구입처에서 바꾸어 드립니다.
※ 값은 뒤표지에 있습니다.

 상상의집은 (주)루크하우스의 아동출판 브랜드입니다.

# 사자 소학 으로 배우는 인성한자

상상의집

네 글자 속에 담긴 삶의 가르침,

# 사자소학 四字小學

여러분이 처음으로 읽은 책은 무엇인가요? 글을 익히기 위해 읽은 낱말과 문장으로 가득한 학습서 말고요. 너무 어렸을 때 일이라 생각이 잘 나지 않겠지만, 아마 동물들이 등장하고 교훈이 담겨 있는 이야기책이었을 거예요. 이유는 재미있게 글을 읽고 지식을 넓히는 것뿐만 아니라, 바른 인성을 가졌으면 하는 부모님의 바람 때문이지요. 부모님은 여러분이 지식과 인성을 고루 갖춘 사람으로 자라기를 바라거든요.

《사자소학》은 조선 시대 아이들이 서당에 가서 처음으로 배우는 책이에요. 책을 통해, 그 당시 아이들이 어떻게 자라기를 바랐는지 알 수 있어요. 앞에서는 부모·형제·선생님·웃어른·친구에게 지켜야 할 도리를 말하고 있고, 다음으로는 어떤 몸가짐과 마음가짐으로 살아야 하는지를 말하고 있어요. 주된 내용은 《소학》을 비롯한 여러 경전에서 따왔고, 쉬운 한자 네 글자를 한 구절로 만들었어요. 앞뒤 구절과 문장이 서로 호응을 이루어, 읽을 때 자연스럽게 운율이 생긴답니다. 그래서 쉽

게 따라 읽을 수 있지요.

'그 뜻을 본받지, 그 말을 본받지 말라.'라는 옛말이 있어요. 표현에 너무 집착해 그 뜻을 읽지 못해서는 안 된다는 거지요. 《사자소학》이라는 책도 마찬가지예요. 지금과 표현이 달라 여러분이 글을 읽으며 생소하게 느낄 수 있어요. 하지만 물질이 먼저가 되어 버린 세상에서 마음에 꼭 새겨야 할 것이 있어요. 《사자소학》에는 마음에 새겨야 할 글이 매우 많아요. 여러분이 그것을 알아 가는 데 이 책이 충실한 안내자가 되었으면 해요.

허시봉

# 차례

## 1장 부모

## 7장 **몸가짐**

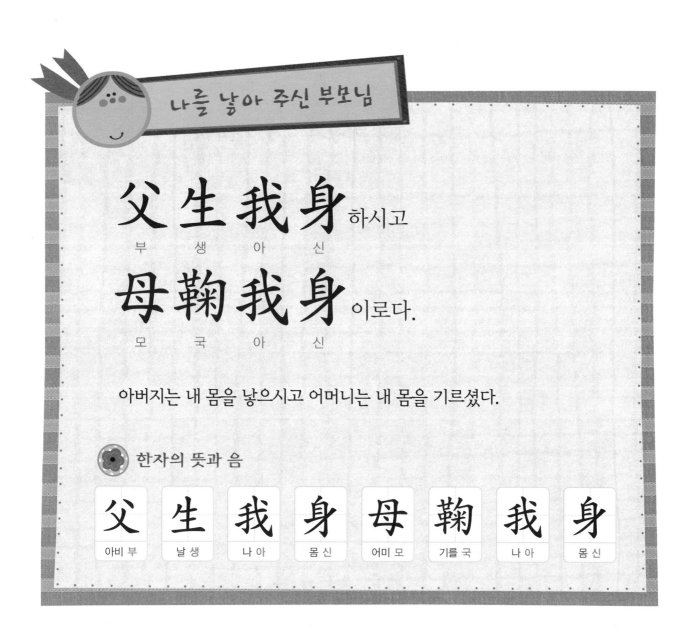

## 나를 낳아 주신 부모님

**父生我身**하시고
부 생 아 신

**母鞠我身**이로다.
모 국 아 신

아버지는 내 몸을 낳으시고 어머니는 내 몸을 기르셨다.

### 🏵 한자의 뜻과 음

| 父 | 生 | 我 | 身 | 母 | 鞠 | 我 | 身 |
|---|---|---|---|---|---|---|---|
| 아비 부 | 날 생 | 나 아 | 몸 신 | 어미 모 | 기를 국 | 나 아 | 몸 신 |

아버지가 나를 낳으셨다는 말에 많이 당황했지요? 아빠는 남자라 아기를 낳을 수 없는데 말이에요. 아기가 태어나기 위해서는 아빠의 '아기 씨'와 엄마의 '아기 씨'가 만나야 해요. 만약 아빠의 '아기 씨'가 없었다면 우리는 태어나지 못했겠죠. 이렇게 남성 중심의 조선 사회에서는 우리가 태어난 이유를 '아기 씨'를 준 아빠에게서 찾았어요. 조금 놀랍죠?

또 달리 풀이하면 부모님 두 분이 함께 우리를 낳고 보살펴 주셨다는 뜻이기도 해요.

12

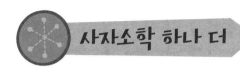 

# 腹以懷我하시고 乳以哺我로다.
복 이 회 아 유 이 포 아

배로써 나를 품어 주시고 젖으로써 나를 먹여 주셨다.

| 腹 | 以 | 懷 | 我 | 乳 | 以 | 哺 | 我 |
|---|---|---|---|---|---|---|---|
| 배 복 | 써 이 | 품을 회 | 나 아 | 젖 유 | 써 이 | 먹일 포 | 나 아 |

 한자 깊이 알기

父生我身하시고 母鞠我身이로다.

| 옛 글자 | | 현재 글자 |
|---|---|---|
|  | → | 父 |

'父(아비 부)'는 돌도끼를 들고 있는 손을 그렸어요. 돌도끼를 들고 사냥 나가는 아버지를 표현한 거예요. 예나 지금이나 사랑하는 가족을 위해 일하는 아빠의 모습은 같아요. 일하는 장소가 사냥터냐 회사냐가 다를 뿐이에요. 오늘도 가족을 위해 일터로 향하는 아빠에게 힘내시라고 말해 보세요. 직접 말하기 쑥스러우면 편지나 문자 메시지로 전해도 좋아요. 아빠가 힘이 많이 날 거예요.

참고로, 중국 최초의 문자학 책인 『설문해자』에서는 '아버지는 집안을 이끌고 가르치는 사람이라 막대기를 들고 있는 손을 그려 표현했다.'라고 했어요.

 '父(아비 부)'가 들어간 고사성어

부전자전(父傳子傳): 아들의 성격이나 생활 습관 따위가 아버지로부터 대물림된 것처럼 같거나 비슷함.

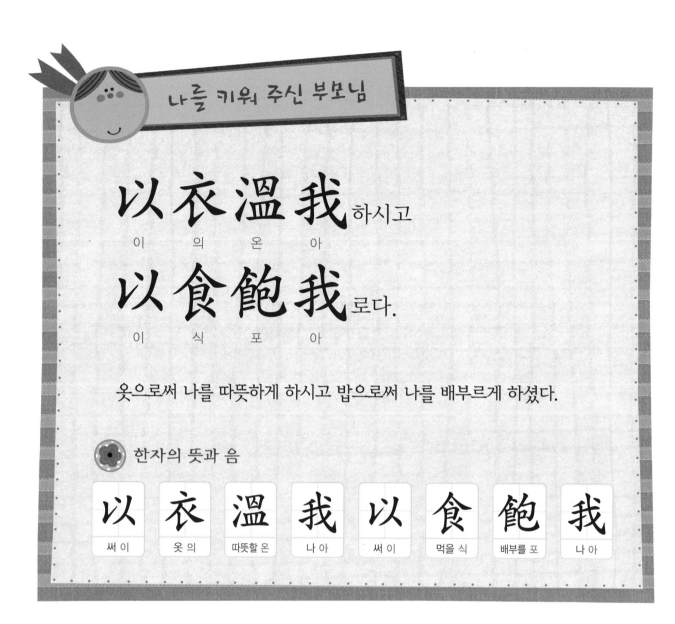

나를 키워 주신 부모님

以衣溫我하시고
이 의 온 아
以食飽我로다.
이 식 포 아

옷으로써 나를 따뜻하게 하시고 밥으로써 나를 배부르게 하셨다.

한자의 뜻과 음

| 以 | 衣 | 溫 | 我 | 以 | 食 | 飽 | 我 |
|---|---|---|---|---|---|---|---|
| 써 이 | 옷 의 | 따뜻할 온 | 나 아 | 써 이 | 먹을 식 | 배부를 포 | 나 아 |

사람이 살아가는 데는 '의식주(衣食住)'가 꼭 필요해요. 이 말은 옷과 음식과 집이 반드시 있어야 한다는 뜻이죠. 이것들은 어린 여러분이 스스로 해결할 수 없어요. 만약 부모님이 돌봐 주지 않았다면 여러분이 지금과 같은 모습으로 성장할 수 없었을 거예요. 그런데 여러분은 어땠나요? 부모님께 비싸고 좋은 옷을 사 달라 떼쓰고, 식탁에 맛있는 반찬이 없으면 안 먹겠다고 투정을 부렸지요? 입히고 먹이고 이만큼 키워 준 은혜도 갚을 길이 없는데, 도리어 다른 친구들의 부모님과 비교하며 상처 주는 말을 했어요. 부모님의 마음이 얼마나 아팠겠어요? 앞으로는 부모님께 감사하는 마음으로 잘해 드려야 해요. 알았죠?

14

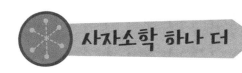
# 恩高如天하고 德厚似地로다.
은 고 여 천 덕 후 사 지

은혜는 높기가 하늘과 같고 덕은 두텁기가 땅과 같다.

| 恩 | 高 | 如 | 天 | 德 | 厚 | 似 | 地 |
|---|---|---|---|---|---|---|---|
| 은혜 은 | 높을 고 | 같을 여 | 하늘 천 | 덕 덕 | 두터울 후 | 같을 사 | 땅 지 |

## 한자 깊이 알기

### 以衣溫我하시고 以食飽我로다.

| 옛 글자 | | 현재 글자 |
|---|---|---|
| 仌 | → | 衣 |

'衣(옷 의)'는 옷깃이 있는 윗옷을 그렸어요. 중국 전통 의상 중에 겹쳐 입는 윗옷을 그린 거예요. 『설문해자』를 보면 '윗옷을 衣(옷 의)라 하고 아래옷을 裳(치마 상)이라고 한다.'라고 기록되어 있지요.

옷은 참 중요해요. 어떤 옷을 입느냐에 따라 그 사람이 달라 보이거든요. 그런데 사람을 만나 보면 옷보다 중요한 것이 그 사람의 됨됨이라는 것을 금세 깨닫게 돼요. 이제 집을 나설 때 어떤 옷을 입을지 고민하기에 앞서, 어떤 마음가짐으로 하루를 보낼지를 생각해 봐요.

 '衣(옷 의)'가 들어간 고사성어

금의환향(錦衣還鄉): 비단옷을 입고 고향에 돌아온다는 뜻으로, 출세를 하여 고향에 돌아가거나 돌아옴.

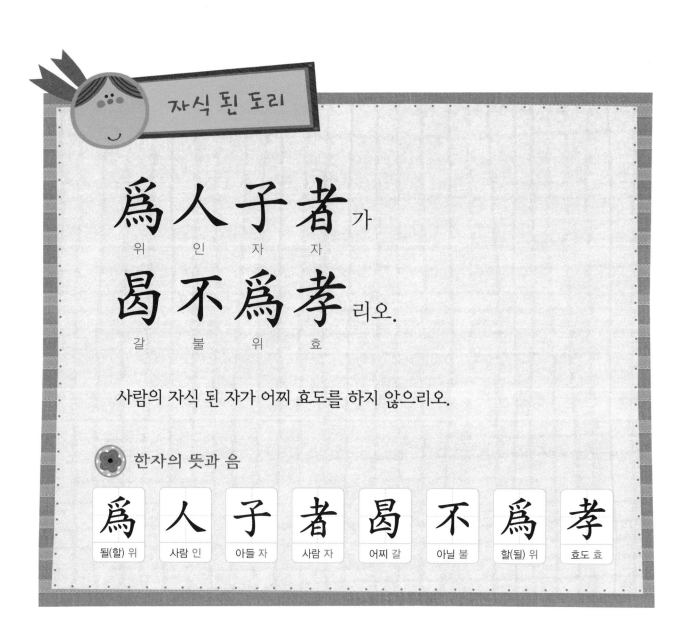

자식 된 도리

爲人子者가
위 인 자 자

曷不爲孝리오.
갈 불 위 효

사람의 자식 된 자가 어찌 효도를 하지 않으리오.

한자의 뜻과 음

| 爲 | 人 | 子 | 者 | 曷 | 不 | 爲 | 孝 |
|---|---|---|---|---|---|---|---|
| 될(할) 위 | 사람 인 | 아들 자 | 사람 자 | 어찌 갈 | 아닐 불 | 할(될) 위 | 효도 효 |

대부분의 동물들은 자식을 낳고 그리 오래 돌보지 않아요. 동물의 왕이라는 호랑이도 새끼를 1~2년 정도밖에 보살피지 않지요. 평균 수명을 어림잡아 비교해도 사람은 다른 동물에 비해 오랫동안 보살핌을 받는답니다. 어디 그뿐인가요? 부모님의 사랑은 끝이 없어요. 어른인 엄마, 아빠를 끊임없이 챙기는 할머니, 할아버지를 봐도 알 수 있지요.

혹시 까마귀 새끼가 자라서 늙은 어미에게 먹이를 물어다 준다는 뜻의 '반포지효(反哺之孝)'를 들어 봤나요? 한낱 동물인 까마귀도 이러한데 사람인 우리가 자식 된 도리를 저버려서야 되겠어요?

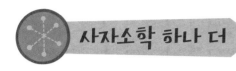

# 欲報其德이나 昊天罔極이로다.
욕 보 기 덕 호 천 망 극

그 덕을 갚고 싶으나 하늘처럼 끝이 없다.

| 欲 | 報 | 其 | 德 | 昊 | 天 | 罔 | 極 |
|---|---|---|---|---|---|---|---|
| 하고자 할 욕 | 갚을 보 | 그 기 | 덕 덕 | 하늘 호 | 하늘 천 | 없을 망 | 다할 극 |

 한자 깊이 알기

## 爲人子者가 曷不爲孝리오.

옛 글자 → 현재 글자

'子(아들 자)'는 갓난아이가 포대기에 감싸여 있는 모습을 그렸어요. 요즘은 '子'가 '아들'이라는 뜻으로 흔히 쓰이지만 처음에는 '어린아이'라는 뜻이었답니다.

갓난아이는 태어나서 목도 가누지 못해요. 그러다 뒤집고, 기어 다니고, 옹알거리고, 걸음마를 떼지요. 이 신비로운 과정을 곁에서 묵묵히 지켜 준 분들이 있어요. 우리가 까르르 웃으면 행복한 미소를 지으시고 우리가 아파 울면 누구보다 슬퍼하셨던 분, 바로 부모님입니다.

### '子(아들 자)'가 들어간 고사성어

삼척동자(三尺童子): ① 키가 석 자 정도밖에 되지 않는 어린아이. 철없는 어린아이를 이름.

② 무식한 사람을 비유적으로 이르는 말.

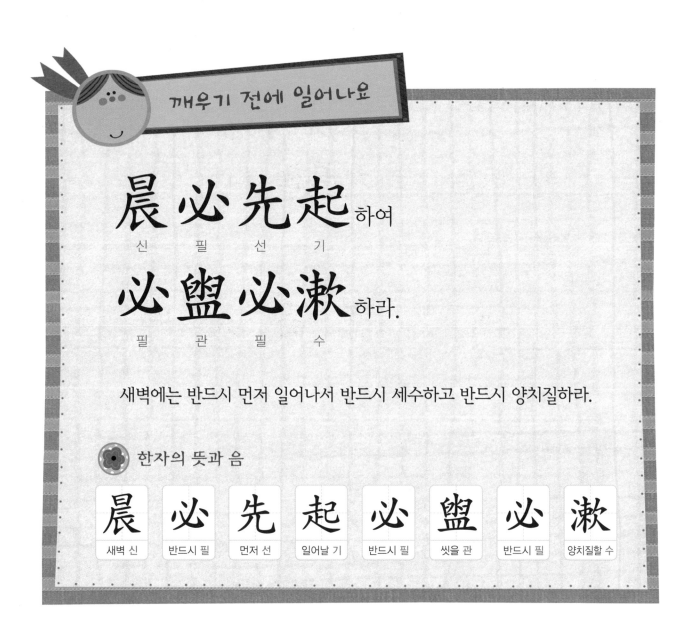

# 晨必先起하여

신 필 선 기

# 必盥必漱하라.

필 관 필 수

새벽에는 반드시 먼저 일어나서 반드시 세수하고 반드시 양치질하라.

## 🌸 한자의 뜻과 음

| 晨 | 必 | 先 | 起 | 必 | 盥 | 必 | 漱 |
|---|---|---|---|---|---|---|---|
| 새벽 신 | 반드시 필 | 먼저 선 | 일어날 기 | 반드시 필 | 씻을 관 | 반드시 필 | 양치질할 수 |

아침마다 부모님은 여러분을 깨우기 위해 한바탕 전쟁을 치러요. 깨우면 또 자고, 깨우면 또 자고, 결국 큰소리가 나야 일어나지요. 분명 깨우는 소리를 못 들은 건 아닌데 왜 다시 잠을 청하는 걸까요? 혹시 힘든 하루의 시작을 조금이라도 늦추고 싶기 때문이 아닐까요? 학교 가는 날에 일어날 때하고 일요일에 일어날 때가 다른 것을 보면 조금 이해할 수 있어요.

그런데 생각해 봐요. 부모님은 하루 일과를 시작하기도 전에, 여러분을 깨우고 챙기느라 벌써 지치셨다는 거 말이에요. 이제 부모님이 힘들지 않게 스스로 일어나 학교 갈 준비를 하는 멋진 여러분이 되었으면 해요.

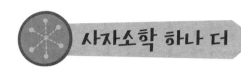 

昏定晨省하고 冬溫夏淸하라.
혼 정 신 성    동 온 하 정

저녁엔 잠자리를 정하고 새벽엔 문안을 살피고
겨울엔 따뜻하고 여름엔 시원하게 해 드려라.

| 昏 | 定 | 晨 | 省 | 冬 | 溫 | 夏 | 淸 |
|---|---|---|---|---|---|---|---|
| 날 저물 혼 | 정할 정 | 새벽 신 | 살필 성 | 겨울 동 | 따뜻할 온 | 여름 하 | 서늘할 정 |

 한자 깊이 알기

昏定晨省하고 冬溫夏淸하라.

| 옛 글자 | | 현재 글자 |
|---|---|---|
|  | → | 省 |

'省(살필 성)'은 '少(작을 소)'와 '目(눈 목)'이 합쳐져 있는 글자예요. 작은 것까지 자세하게 눈으로 살펴본다는 뜻이지요. 뒤에 의미가 확장돼, 자신을 자세히 살펴 반성한다는 뜻도 가지게 됐어요. 그런데 옛 글자는 '生(날 생)'과 '目(눈 목)'이 합쳐진 '眚(흐릴 생)'의 모습이었어요. 눈에 희끄무레한 막이 끼어 흐려 보인다는 의미로요. 처음에는 이 두 글자가 같은 뜻으로 쓰였지만 지금처럼 뜻이 갈라지게 되었지요.

참고로 '省'은 '살피다'·'반성하다'라는 뜻으로 쓰일 때는 '성'으로 읽고, '덜다'·'생략하다'라는 뜻으로 쓰일 때는 '생'으로 읽는답니다.

 '省(살필 성)'이 들어간 고사성어

삼성오신(三省吾身): 매일 세 번 자신을 반성함.

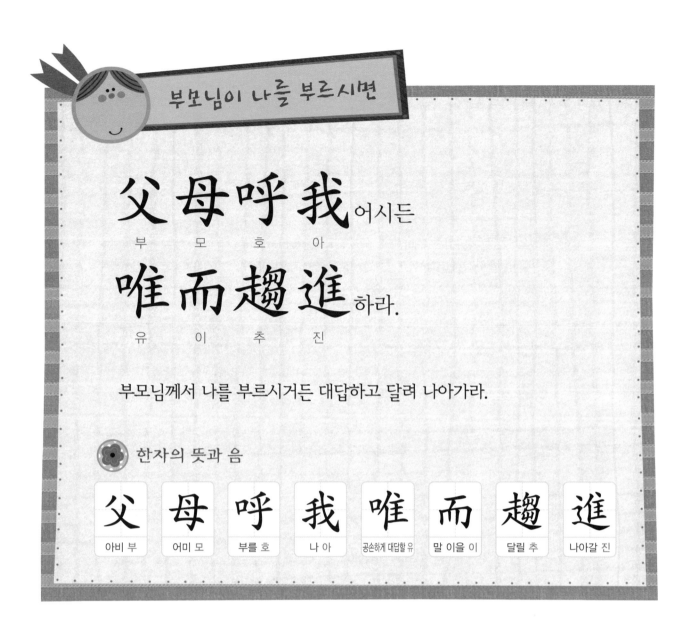

父母呼我어시든
부 모 호 아

唯而趨進하라.
유 이 추 진

부모님께서 나를 부르시거든 대답하고 달려 나아가라.

한자의 뜻과 음

| 父 | 母 | 呼 | 我 | 唯 | 而 | 趨 | 進 |
|---|---|---|---|---|---|---|---|
| 아비 부 | 어미 모 | 부를 호 | 나 아 | 공손하게 대답할 유 | 말 이을 이 | 달릴 추 | 나아갈 진 |

여러분이 도움이 필요해서 동생을 불렀는데, 동생이 대꾸도 않고 딴짓만 한다면 어떤 기분이 드나요? 화가 나겠지요? 이제 부모님이 부르는데 대답하지 않는 것이 왜 예의 없는 행동인지 알 수 있을 거예요.

일을 하다가도 부모님이 부르시면 하던 일을 멈추고, "네."라고 대답해야 해요. 만약 급한 일을 하고 있다면, "엄마, 잠깐만요. 이 일 먼저 하고 바로 갈게요."라고 말씀드려야 하지요. 이러한 행동은 동생이 부탁할 때도 마찬가지예요. "동생아, 이 일 먼저 하고 바로 가서 도와줄게."라고 친절하게 말해요.

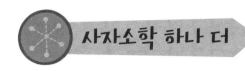

# 父母使我어시든 勿逆勿怠하라.
부 모 사 아 물 역 물 태

부모님께서 나에게 일을 시키시거든 거스르지 말고 게을리하지 말라.

| 父 | 母 | 使 | 我 | 勿 | 逆 | 勿 | 怠 |
|---|---|---|---|---|---|---|---|
| 아비 부 | 어미 모 | 부릴 사 | 나 아 | 말 물 | 거스를 역 | 말 물 | 게으를 태 |

 한자 깊이 알기

## 父母呼我어시든 唯而趨進하라.

'母(어미 모)'는 여자를 그린 글자에 젖을 상징하는 두 점을 찍었어요. 젖을 먹여 아이를 기르는 엄마를 표현한 것이죠. 『설문해자』를 보면 '아이를 안고 있는 모양을 본떴다. 일설에는 아이에게 젖을 먹이는 것을 그렸다고 한다.'라고 기록되어 있어요.

여러분은 '엄마'와 '어머니' 중 어떤 호칭을 사용하나요? 왜냐하면 엄마로 대할 때와 어머니로 대할 때 우리의 태도가 조금 달라지거든요. 하지만 그거 아세요? 엄마이면서 어머니인 그분의 마음은 예나 지금이나 한결같다는 것을요.

 '母(어미 모)'가 들어간 고사성어

**맹모삼천지교(孟母三遷之敎):** 맹자의 어머니가 아들을 가르치기 위하여 세 번이나 이사했다는 뜻으로, 인간의 성장에 있어서 그 환경이 중요함을 가리키는 말.

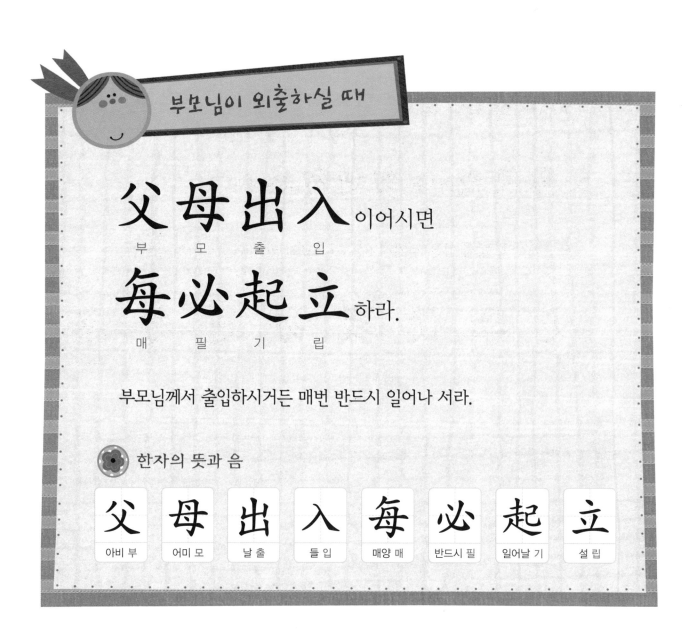

父母出入이어시면
부 모 출 입

每必起立하라.
매 필 기 립

부모님께서 출입하시거든 매번 반드시 일어나 서라.

## 한자의 뜻과 음

| 父 | 母 | 出 | 入 | 每 | 必 | 起 | 立 |
|---|---|---|---|---|---|---|---|
| 아비 부 | 어미 모 | 날 출 | 들 입 | 매양 매 | 반드시 필 | 일어날 기 | 설 립 |

부모님이 외출하실 때, 어떤 모습으로 인사드리나요? 누워서 "다녀오세요."라고 하나요? 뒷모습에 대고 건성으로 인사하나요? 아니면 전혀 관심 없이 하던 일만 계속 하나요?

여러분이 학교 갔다 집에 왔을 때, 엄마가 나와, "어서 와라! 오늘 하루 수고 많았다!"라고 말해 주면 어때요? 기쁘고 고맙죠? 부모님 마음도 우리와 같아요. 부모님이 외출하실 때 꼭 일어나서 얼굴을 보고 인사드려요. 오늘 하루 잘 보내시고 힘내시라고 말이에요. 들어오실 때도 마찬가지예요. 일어나 부모님 얼굴을 보며 오늘 하루 수고하셨다고, 식사는 하셨는지 물어보세요.

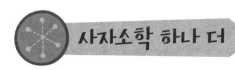 

# 父母衣服을 勿蹢勿踐하라.
부 모 의 복 물 유 물 천

부모님의 의복을 넘어 다니지 말고 밟지 말라.

| 父 | 母 | 衣 | 服 | 勿 | 蹢 | 勿 | 踐 |
|---|---|---|---|---|---|---|---|
| 아비 부 | 어미 모 | 옷 의 | 옷 복 | 말 물 | 넘을 유 | 말 물 | 밟을 천 |

## 한자 깊이 알기

### 父母出入이어시면 每必起立하라.

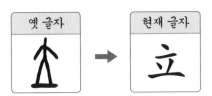

| 옛 글자 | 현재 글자 |
|---|---|
| | 立 |

'立(설 립)'은 가로로 선을 그어 땅을 나타내고, 그 위에 팔을 벌리고 서 있는 사람을 그렸어요.

선생님은 옛 글자를 처음 보고 한동안 눈을 떼지 못했어요. 어쩌면 그리도 당당하게 서 있는지, 그 모습을 닮고 싶어 책상에 붙여 놓기도 했지요. 여러분도 '立'의 모양처럼 세상에 당당히 설 수 있는 사람이 되었으면 해요. 똑바로 선다는 것, 결코 쉬운 일이 아니에요. 하지만 여러분은 이제 똑바로 설 수 있어요. 왜냐하면 당당하게 서 있는 모습을 봤으니까요.

 '立(설 립)'이 들어간 고사성어

입신양명(立身揚名): 출세하여 이름을 세상에 드날림.

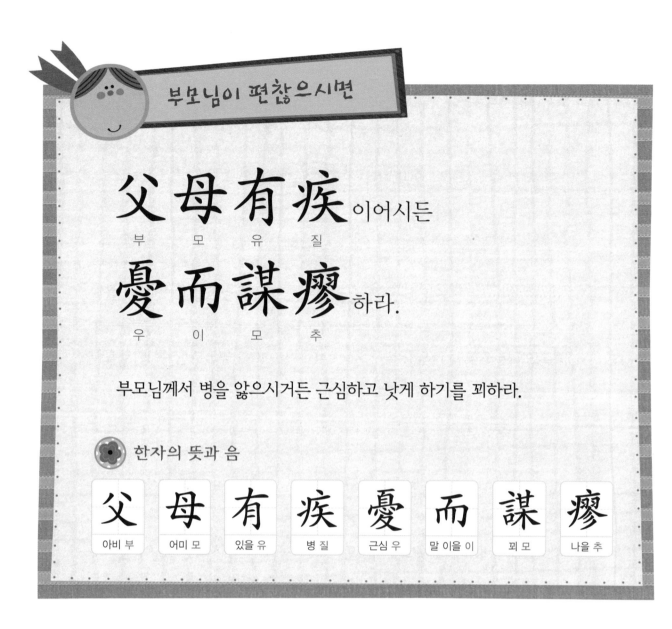

父母有疾이어시든
부 모 유 질

憂而謀瘳하라.
우 이 모 추

부모님께서 병을 앓으시거든 근심하고 낫게 하기를 꾀하라.

🌸 한자의 뜻과 음

| 父 | 母 | 有 | 疾 | 憂 | 而 | 謀 | 瘳 |
|---|---|---|---|---|---|---|---|
| 아비 부 | 어미 모 | 있을 유 | 병 질 | 근심 우 | 말 이을 이 | 꾀 모 | 나을 추 |

부모님이 편찮으시면 집안이 금세 뒤죽박죽되지요? 그제야 부모님이 얼마나 많은 일을 하셨고, 얼마나 소중한 분인지 다시 한번 깨닫게 돼요. 이제 그동안의 모습을 돌아봐요. 여러분은 부모님이 편찮으실 때, 한 번이라도 죽을 끓이거나 사다 드린 적이 있나요? 입맛이 없어서 식사를 잘 못하실 때, 무얼 드시고 싶은지 물어본 적은 있나요? 가만 생각하면 편찮으신 부모님을 걱정하는 게 가장 먼저인데, 왜 짜증만 냈는지 죄송할 따름이에요.

"엄마! 아빠! 건강하세요."

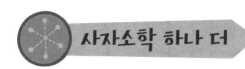 

# 對案不食이어시든 思得良饌하라.

대 안 불 식 　 사 득 량 찬

밥상을 대하고 잡수지 않으시거든 좋은 음식 얻을 것을 생각하라.

| 對 | 案 | 不 | 食 | 思 | 得 | 良 | 饌 |
|---|---|---|---|---|---|---|---|
| 대할 대 | 책상 안 | 아닐 불 | 먹을 식 | 생각 사 | 얻을 득 | 좋을 량 | 음식 찬 |

 한자 깊이 알기

# 父母有疾이어시든 憂而謀瘳하라.

| 옛 글자 | → | 현재 글자 |
|---|---|---|
|  |  | 疾 |

'疾(병 질)'은 옆구리에 화살 맞은 사람을 그렸어요. 화살을 맞으면 아프겠죠? 그래서 이 글자에는 '병'·'고통'·'앓다'라는 뜻이 있어요. 어떤 학자는 사람에게 빨리 날아오는 화살을 그렸다고 주장하기도 해요. 그래서 질풍(疾風)*과 질주(疾走)**에서와 같이 '빠르다'라는 뜻으로도 쓰인다고 말하지요.

참고로 '疾'과 같은 뜻의 한자로 '病(병 병)'이 있어요. 이 둘을 합치면 '질병'이란 말이 되는데, 들어 보았지요? 또 흔히 쓰는 표현으로 '고질병(痼疾病)'이 있는데, 이것은 오래되어 고치기 힘든 나쁜 버릇이나 병을 뜻한답니다.

 '疾(병 질)'이 들어간 고사성어

질풍노도(疾風怒濤): 몹시 빠르게 부는 바람과 무섭게 소용돌이치는 물결.

---

\* **질풍** 몹시 빠르고 거세게 부는 바람
\*\* **질주** 빨리 달림

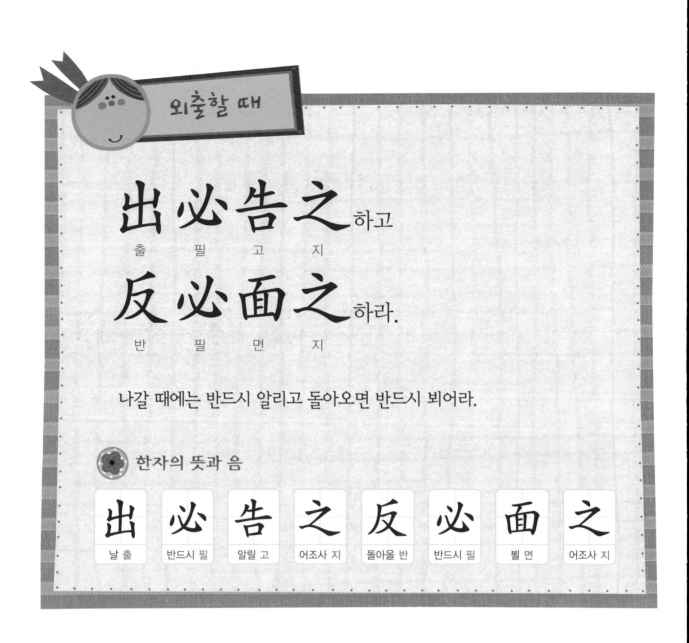

# 出必告之하고
출 필 고 지

# 反必面之하라.
반 필 면 지

나갈 때에는 반드시 알리고 돌아오면 반드시 뵈어라.

## 한자의 뜻과 음

| 出 | 必 | 告 | 之 | 反 | 必 | 面 | 之 |
|---|---|---|---|---|---|---|---|
| 날 출 | 반드시 필 | 알릴 고 | 어조사 지 | 돌아올 반 | 반드시 필 | 뵐 면 | 어조사 지 |

　　여러분이 어디 있는지 모르거나 연락이 되지 않을 때 부모님 속은 새까맣게 타들어 가요. 혹시 무슨 일이 생기지는 않았나, 별의별 생각을 다 하며 말이에요. 여러분 스스로는 다 컸다고 생각하지만 부모님 마음은 그렇지 않답니다. 부모님 눈에는 언제나 품 안에 아기처럼 보이니까요. 그러니 부모님이 걱정하지 않도록, 나갈 때는 어디를 가고 몇 시쯤에 돌아올지 말씀드려요. 만약 돌아오기로 약속한 시간보다 늦어지면 전화를 드리세요. 사정이 생겨 조금 늦을 것 같으니 걱정하시지 말라고 말이에요. 효도는 다른 것이 아니에요. 부모님이 걱정 안 하시도록 하는 것 역시 효도랍니다.

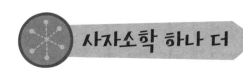

# 사자소학 하나 더

愼勿遠遊하고 遊必有方하라.
신 물 원 유　유 필 유 방

삼가 먼 곳에 가서 놀지 말며 놀더라도 반드시 일정한 곳에 있어라.

| 愼 | 勿 | 遠 | 遊 | 遊 | 必 | 有 | 方 |
|---|---|---|---|---|---|---|---|
| 삼갈 신 | 말 물 | 멀 원 | 놀 유 | 놀 유 | 반드시 필 | 있을 유 | 곳 방 |

## 한자 깊이 알기

出必告之하고 反必面之하라.

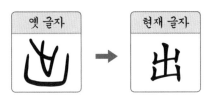

'出(날 출)'은 동굴 밖으로 나가는 발을 그렸어요. 『설문해자』를 보면 '出은 나아간 다는 뜻이다. 초목이 점점 자라나 위로 솟아 나오는 것을 그렸다.'라고 기록되어 있어 요. 아마 옛 글자를 보지 못했기 때문에 이런 글을 쓰지 않았나 싶어요.

여러분은 '出' 자를 보면 무슨 생각이 떠오르나요? 선생님은 삶의 짐을 잠깐 내려 놓고 떠나는 여행이 떠올라요. 또 '시작'이라는 단어도 떠오르고요. 무슨 일을 시작하 려면 원래 있었던 곳에서, 누리고 있었던 것을 버리고 떠나야 하니까요.

### '出(날 출)'이 들어간 고사성어

청출어람(靑出於藍): 쪽에서 뽑아낸 푸른 물감이 쪽보다 더 푸르다는 뜻으로, 제자나 후배 가 스승이나 선배보다 나음.

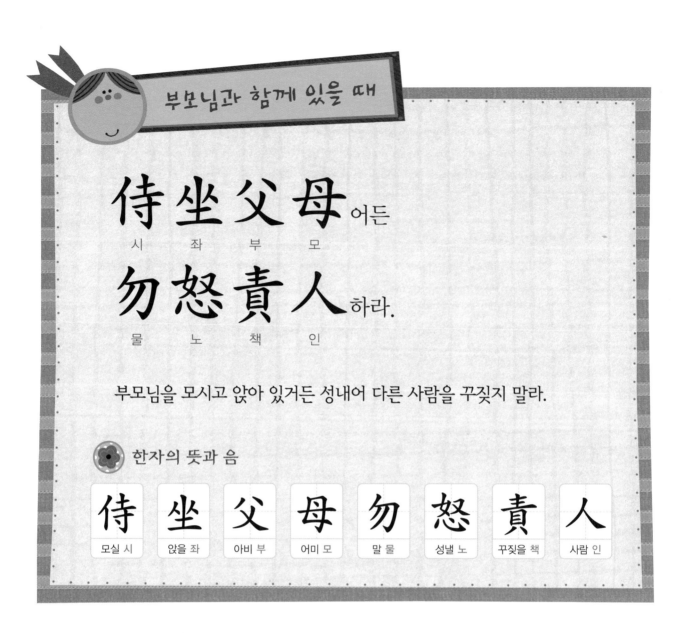

侍坐父母어든
시　좌　부　모

勿怒責人하라.
물　노　책　인

부모님을 모시고 앉아 있거든 성내어 다른 사람을 꾸짖지 말라.

### 한자의 뜻과 음

| 侍 | 坐 | 父 | 母 | 勿 | 怒 | 責 | 人 |
|---|---|---|---|---|---|---|---|
| 모실 시 | 앉을 좌 | 아비 부 | 어미 모 | 말 물 | 성낼 노 | 꾸짖을 책 | 사람 인 |

　　옛사람들은 부모님과 함께 있을 때, 다른 사람을 심하게 꾸짖지 않았어요. 부모님이 불편해하시니까요. 여러분이 친구 집에 놀러 갔는데 친구가 동생을 나무라고 있다고 생각해 봐요. 여러분은 어떤 기분이 들까요? 많이 불편하겠죠? 화를 내더라도 장소와 상황을 헤아릴 줄 알아야 해요.

　　또 옛사람들은 부모님과 한방에 있을 때 함부로 드러눕지 않았고, 삐딱한 자세로 있지 않았어요. 이러한 행동은 요즘도 부모님이나 윗사람과 함께 있을 때 지켜야 하는 기본예절이랍니다.

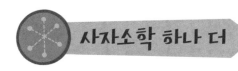 

# 侍坐親前이어든 勿踞勿臥하라.
시  좌  친  전        물  거  물  와

부모님을 앞에 모시고 앉았거든 걸터앉지 말고 눕지 말라.

| 侍 | 坐 | 親 | 前 | 勿 | 踞 | 勿 | 臥 |
|---|---|---|---|---|---|---|---|
| 모실 시 | 앉을 좌 | 어버이 친 | 앞 전 | 말 물 | 걸터앉을 거 | 말 물 | 누울 와 |

 한자 깊이 알기

## 侍坐父母어든 勿怒責人하라.

| 옛 글자 | 현재 글자 |
|---|---|
| 坐 | → 坐 |

'坐(앉을 좌)'는 '土(흙 토)' 위에 '人(사람 인)'을 그려 만들었어요. 땅에 두 사람이 마주 앉은 모습을 표현한 거예요. '坐'에는 두 사람을 대면시켜 물어보다라는 뜻도 있어요. 그 이유는 옛 글자의 모양을 보면 쉽게 알 수 있을 거예요.

참고로 비슷한 한자로 '座(자리 좌)'가 있어요. 흔히 '좌우명(座右銘)'이라 하면 늘 자리 옆에 두고 가르침으로 삼는 말을 뜻해요. 대부분의 사람들이 좋아하는 글을 왼쪽과 오른쪽에 둔다고 하여 '左(왼 좌)'를 쓸 거라 생각하지만, '자리 좌(座)'를 쓴다는 것 기억하세요.

 '坐(앉을 좌)'가 들어간 고사성어

**좌불안석(坐不安席)**: 앉아도 자리가 편안하지 않다는 뜻으로, 마음이 불안하거나 걱정스러워서 한군데에 가만히 앉아 있지 못함.

器有飲食 이라도
기 유 음 식

不與勿食 하라.
불 여 물 식

그릇에 음식이 있어도 주시지 않으면 먹지 말라.

한자의 뜻과 음

| 器 | 有 | 飲 | 食 | 不 | 與 | 勿 | 食 |
|---|---|---|---|---|---|---|---|
| 그릇 기 | 있을 유 | 마실 음 | 먹을 식 | 아닐 불 | 줄 여 | 말 물 | 먹을 식 |

　　맛있는 음식을 보면 무조건 먹을 게 아니라, 먼저 부모님께 먹어도 되는지 물어 봐야 해요. 혹시 손님을 대접하기 위해서나 가족 행사를 위해서 마련한 음식일 수도 있으니까요.

　　어딜 가든 그 나라의 식사 예절이 있어요. 우리나라에서는 부모님이 먼저 수저를 드신 뒤에 수저를 들어야 해요. 또 부모님과 식사 속도를 맞춰야 하지요. 혹시 급한 일이 있어 먼저 식사를 마쳐야 할 때는 반드시 허락을 구해야지, 그렇지 않고 일어나는 것은 실례랍니다. 또 쩝쩝 소리 내지 않고 조용히 먹어야 해요.

　　식사 예절이 달라도 잊지 말아야 할 것이 있어요. 그건 바로 부모님을 먼저 생각하는 마음이랍니다.

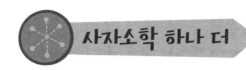
若得美味어든 歸獻父母하라.
약 득 미 미 　 귀 헌 부 모

만약 맛있는 음식을 얻거든 돌아가 부모님께 드려라.

| 若 | 得 | 美 | 味 | 歸 | 獻 | 父 | 母 |
|---|---|---|---|---|---|---|---|
| 만약 약 | 얻을 득 | 아름다울 미 | 맛 미 | 돌아갈 귀 | 드릴 헌 | 아비 부 | 어미 모 |

한자 깊이 알기

器有飮食이라도 不與勿食하라.

옛 글자 → 현재 글자

'飮(마실 음)'은 사람이 단지를 들고 고개 숙여 혀 내밀어 마시는 모양을 그렸어요. '飮'이 들어간 단어를 살펴볼까요? 사람이 마시거나 먹을 수 있도록 만든 것을 '음식 (飮食)'이라고 해요. 또 술을 마시는 것을 '음주(飮酒)'라고 하지요. '음복(飮福)'이라는 말이 있어요. 그대로 풀이하면 복을 마신다는 뜻으로, 제사를 지내고 난 뒤 제사에 쓴 음식을 나누어 먹는 것을 말해요. 이제 제사를 마친 뒤 어른들이 음복하자고 하더라 도 그 뜻을 이해할 수 있겠죠?

 '飮(마실 음)'이 들어간 고사성어

단사표음(簞食瓢飮): 대나무로 만든 밥그릇에 담은 밥과 표주박에 든 물이라는 뜻으로, 청 빈하고 소박한 생활을 이르는 말.

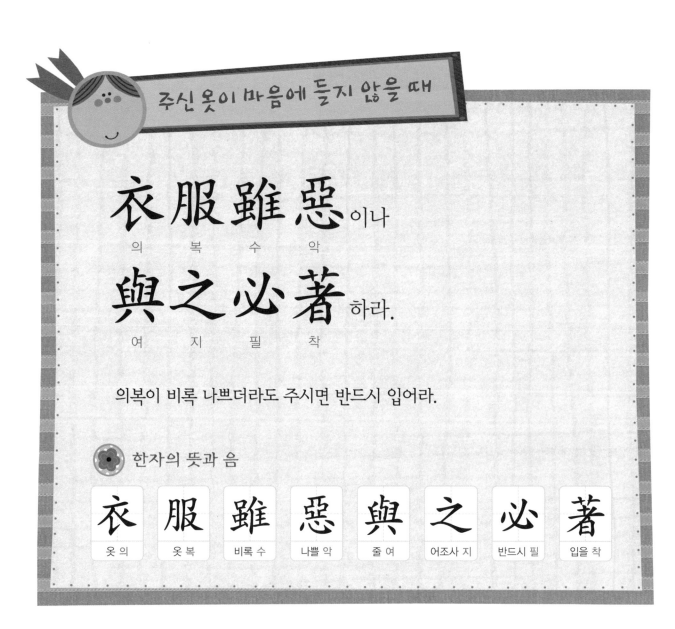

衣服雖惡이나
의 복 수 악

與之必著하라.
여 지 필 착

의복이 비록 나쁘더라도 주시면 반드시 입어라.

## 한자의 뜻과 음

| 衣 | 服 | 雖 | 惡 | 與 | 之 | 必 | 著 |
|---|---|---|---|---|---|---|---|
| 옷 의 | 옷 복 | 비록 수 | 나쁠 악 | 줄 여 | 어조사 지 | 반드시 필 | 입을 착 |

비싼 브랜드의 옷을 입은 친구가 부러워서 부모님께 사 달라고 조른 적이 한두 번쯤 있을 거예요. 그런데 생각해 보세요. 친구가 부러워서 옷을 따라 산다 해도, 그보다 값비싼 브랜드의 옷을 입은 친구는 얼마든지 있을 거예요. 그때마다 부모님을 졸라서 더 비싼 옷을 살 건가요? 옷이 날개라는 말이 있지만 그것은 값비싼 옷을 입어야 멋있어 보인다는 뜻은 아니랍니다. 어떤 옷을 입느냐보단 누가 어떻게 입었느냐가 중요하거든요. 이제부터 부모님께서 옷을 사 주시면 감사한 마음으로 입어요.

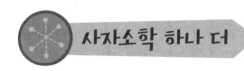
사자소학 하나 더

飮食雖厭이나 與之必食하라.
　음　식　수　염　　　여　지　필　식

음식이 비록 싫더라도 주시면 반드시 먹어라.

| 飮 | 食 | 雖 | 厭 | 與 | 之 | 必 | 食 |
|---|---|---|---|---|---|---|---|
| 마실 음 | 먹을 식 | 비록 수 | 싫어할 염 | 줄 여 | 어조사 지 | 반드시 필 | 먹을 식 |

한자 깊이 알기

飮食雖厭이나 與之必食하라.

옛 글자　→　현재 글자
食　　　食

'食(먹을 식)'의 윗부분은 밥뚜껑을, 아랫부분은 음식이 담긴 제사 그릇을 나타냈어요. 어떤 학자는 윗부분은 입을, 가운데 두 점은 침을, 아랫부분은 음식을 담은 그릇을 그려 '먹다'라는 뜻을 나타냈다고 하지요.

한자에 '食'이 들어가면 '먹다'라는 의미와 관련이 있어요. 예를 들어, '飯(밥 반)'이나, '飽(배부를 포)'와 같은 한자를 보면 알 수 있지요.

 '食(먹을 식)'이 들어간 고사성어

약육강식(弱肉強食): 약한 자가 강한 자에게 먹힌다는 뜻으로, 강한 자가 약한 자를 희생시켜서 번영하거나, 약한 자가 강한 자에게 끝내는 멸망됨을 이르는 말.

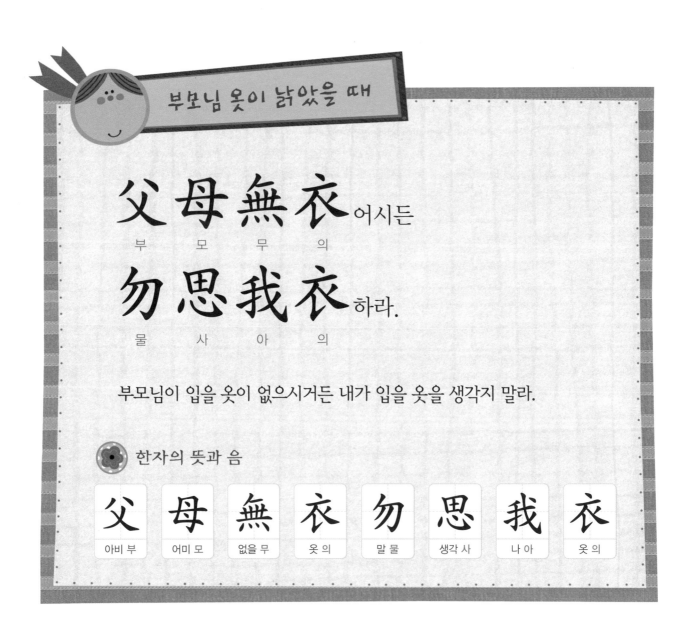

## 부모님 옷이 낡았을 때

父母無衣어시든
부 모 무 의

勿思我衣하라.
물 사 아 의

부모님이 입을 옷이 없으시거든 내가 입을 옷을 생각지 말라.

### 🌸 한자의 뜻과 음

| 父 | 母 | 無 | 衣 | 勿 | 思 | 我 | 衣 |
|---|---|---|---|---|---|---|---|
| 아비 부 | 어미 모 | 없을 무 | 옷 의 | 말 물 | 생각 사 | 나 아 | 옷 의 |

비싸고 좋은 옷을 사 달라고 조르기 전에 부모님이 어떤 옷을 입고 있는가 살펴보세요. 분명 여러분에게 좋은 옷을 입히고 본인들은 낡은 옷을 입고 있을 테니까요. 맛있는 음식이 있을 때도 마찬가지예요. 부모님은 여러분이 마음껏 먹을 수 있도록 양보한답니다. 안 좋아한다고 말씀하면서요. 여러분이 커서 부모가 되면 그 마음을 알 수 있을 거예요. 그때가 되면 부모님께 무척 죄송스러울 테지요. 그러니 지금부터라도 부모님의 옷과 음식을 먼저 챙겨 보세요. 알았죠?

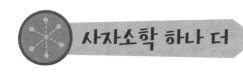
父母無食이어시든 勿思我食하라.
부 모 무 식       물 사 아 식

부모님이 드실 음식이 없으시거든 내가 먹을 음식을 생각지 말라.

| 父 | 母 | 無 | 食 | 勿 | 思 | 我 | 食 |
|---|---|---|---|---|---|---|---|
| 아비 부 | 어미 모 | 없을 무 | 먹을 식 | 말 물 | 생각 사 | 나 아 | 먹을 식 |

 한자 깊이 알기

父母無衣어시든 勿思我衣하라.

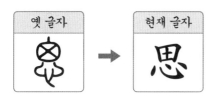

'思(생각 사)'의 옛 글자를 보면 윗부분 모양이 현재 글자와 다르지요? 선생님도 왜 '思'에 '田(밭 전)' 자가 들어 있을까 궁금했어요. 그런데 '田'은 '囟(정수리 신)'이 변한 거래요. 여기에 심장 모양을 본뜬 '心(마음 심)' 자를 합쳐 '思'를 만들어 낸 거죠. 그런데 왜 그랬을까요? 그건 옛사람들이 머리와 심장 모두를 생각하는 기관이라 여겼기 때문이에요. '心'을 '심장 심'이라 하지 않고, '마음 심'이라고 하는 걸 보면 알 수 있지요.

 '思(생각 사)'가 들어간 고사성어

심사숙고(深思熟考): 깊이 잘 생각함.

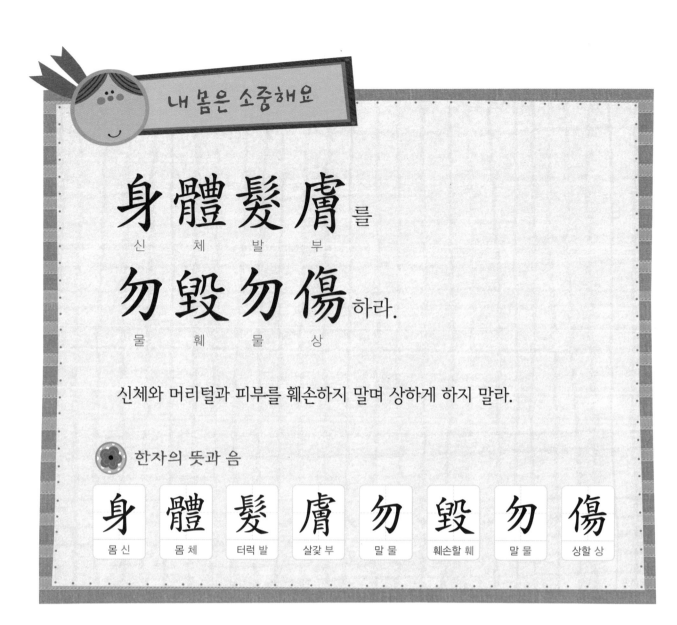

# 身體髮膚를
신 체 발 부

# 勿毁勿傷하라.
물 훼 물 상

신체와 머리털과 피부를 훼손하지 말며 상하게 하지 말라.

## 🌸 한자의 뜻과 음

| 身 | 體 | 髮 | 膚 | 勿 | 毁 | 勿 | 傷 |
|---|---|---|---|---|---|---|---|
| 몸 신 | 몸 체 | 터럭 발 | 살갖 부 | 말 물 | 훼손할 훼 | 말 물 | 상할 상 |

넘어져서 다치면 정말 아프지요? 친구들은 걱정해 주기도 하지만 조금 지나면 언제 그랬냐 싶을 정도로 잊어버려요. 가끔 그런 모습에 서운하기도 해요. 하지만 너무 서운해하지 마세요. 여러분에게는 부모님이 있잖아요.

부모님은 여러분이 태어났을 때부터 지금까지 늘 곁을 지키셨어요. 혹시 아프기라도 하면 걱정으로 밤을 지새우시죠. 이제 알아야 해요. 여러분이 아프면 부모님이 더 아파한다는 것을요. 여러분, 다치지 않고 건강한 것이 가장 큰 효도랍니다.

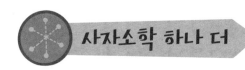
# 衣服帶靴를 勿失勿裂하라.
의 복 대 화 물 실 물 렬

의복과 허리띠와 신발을 잃어버리지 말고 찢지 말라.

| 衣 | 服 | 帶 | 靴 | 勿 | 失 | 勿 | 裂 |
|---|---|---|---|---|---|---|---|
| 옷 의 | 옷 복 | 띠 대 | 신 화 | 말 물 | 잃을 실 | 말 물 | 찢을 렬 |

한자 깊이 알기

## 身體髮膚를 勿毁勿傷하라.

'身(몸 신)'은 아이를 가져 배가 볼록하게 나온 여인의 옆모습을 그렸어요. 볼록 나온 배에 점을 찍은 것은 태아를 표현하기 위해서지요. 그래서 원래 이 글자는 '임신하다'라는 뜻으로 쓰였다고 해요. 지금은 사람의 몸을 뜻하게 되었지만 말이에요.

흔히 몸을 마음을 담은 그릇이라고 해요. 선생님은 수수하지만 오래도록 빛이 변하지 않는 백자 도자기 같은 몸을 가지고 싶어요. 그 안에 친절하고 따뜻한 마음을 담고 싶답니다. 여러분은 어떤 그릇에 어떤 마음을 담고 싶나요?

● '身(몸 신)'이 들어간 고사성어

살신성인(殺身成仁): 자기의 몸을 희생하여 어질고 의로운 일을 행함.

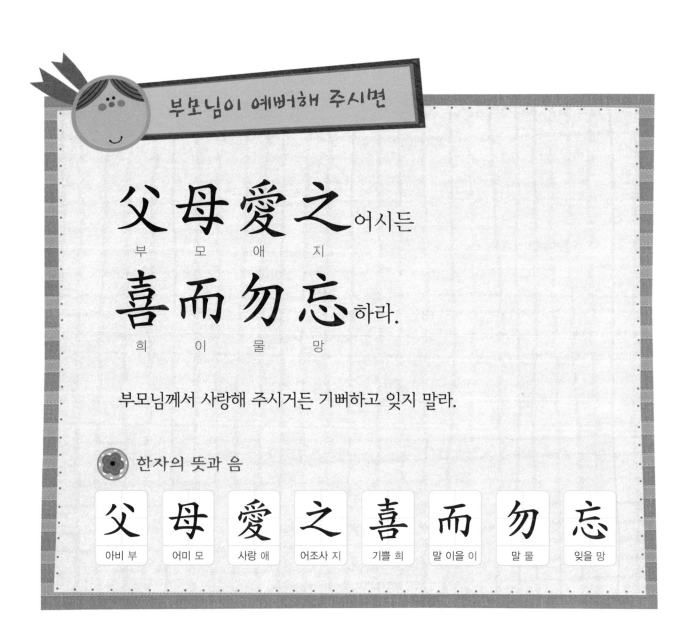

# 父母愛之어시든
부 모 애 지

# 喜而勿忘하라.
희 이 물 망

부모님께서 사랑해 주시거든 기뻐하고 잊지 말라.

## 한자의 뜻과 음

| 父 | 母 | 愛 | 之 | 喜 | 而 | 勿 | 忘 |
|---|---|---|---|---|---|---|---|
| 아비 부 | 어미 모 | 사랑 애 | 어조사 지 | 기쁠 희 | 말 이을 이 | 말 물 | 잊을 망 |

부모님이 우리를 예뻐할 때도 있고 혼낼 때도 있어요. 당연히 예뻐해 주시면 좋고 혼내시면 싫지요. 하지만 생각해 봐요. 100명의 또래 아이 속에서도 여러분을 단번에 알아보고 예뻐해 주는 부모님이 왜 혼을 내는 걸까요? 그건 여러분이 바르게 잘 자라기를 바라는 마음에서 그러는 거예요. 예뻐하고 사랑하니까 혼을 내는 거지요. 그러니 이제 예뻐해 주시면 감사해하고, 혼내시면 원망만 하지 말고 이유를 곰곰이 생각해 고치려고 노력하세요.

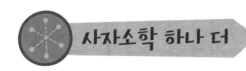 

# 父母責之어시든 反省勿怨하라.
부 모 책 지 반 성 물 원

부모님께서 꾸짖으시거든 반성하고 원망하지 말라.

| 父 | 母 | 責 | 之 | 反 | 省 | 勿 | 怨 |
|---|---|---|---|---|---|---|---|
| 아비 부 | 어미 모 | 꾸짖을 책 | 어조사 지 | 돌이킬 반 | 살필 성 | 말 물 | 원망할 원 |

 한자 깊이 알기

# 父母愛之어시든 喜而勿忘하라.

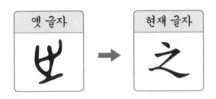

옛 글자 → 현재 글자

'之(갈 지, 어조사 지)'는 발 모양 밑에 가로획을 그었어요. 발 모양은 '가다'·'움직이다'·'행동하다'를, 가로획은 '출발선'을 나타내요. 이것을 합치면 출발선에서 발을 내딛고 간다는 뜻이 되지요.

'之'는 다른 글자를 보조해 주는 어조사 역할도 해요. 예를 들어, 두 사람이 서로 싸우는 사이에 엉뚱한 사람이 애쓰지 않고 가로챈 이익을 뜻하는 '어부지리(漁夫之利)'를 그대로 풀이하면 '어부의 이익'이에요. 여기서 '之'는 '~의'라는 뜻으로 쓰였지요? 실질적인 뜻 없이 다른 글자를 도와주는 어조사로 쓰인 거예요.

### '之(갈 지, 어조사 지)'가 들어간 고사성어

**타산지석(他山之石)**: 다른 산의 나쁜 돌이라도 자신의 옥돌을 가는 데에 쓸 수 있다는 뜻으로, 본이 되지 않은 남의 말이나 행동도 자신을 닦는 데에 도움이 될 수 있음.

# 勿登高樹하라
물 등 고 수

# 父母憂之시니라.
부 모 우 지

높은 나무에 올라가지 말라 부모님께서 근심하시느니라.

## 한자의 뜻과 음

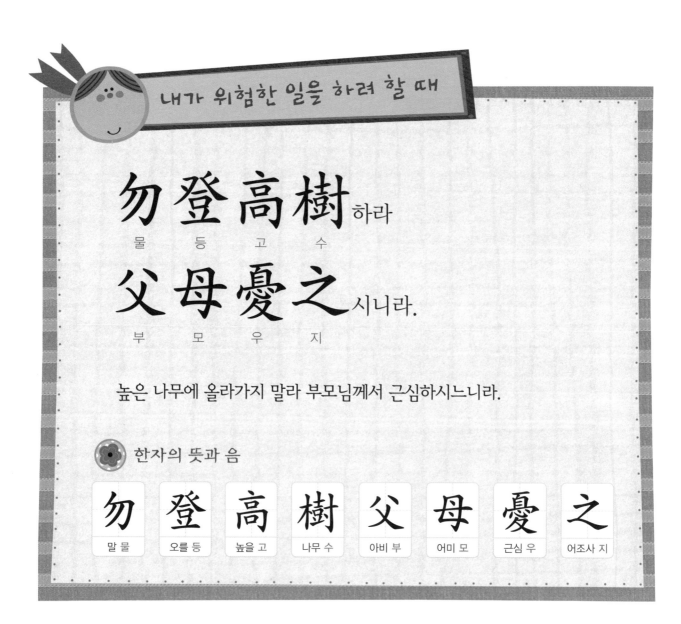

| 勿 | 登 | 高 | 樹 | 父 | 母 | 憂 | 之 |
|---|---|---|---|---|---|---|---|
| 말 물 | 오를 등 | 높을 고 | 나무 수 | 아비 부 | 어미 모 | 근심 우 | 어조사 지 |

부모님이 높은 곳에 위험하게 걸터앉아 있다면 여러분은 어떻게 할까요? 분명 깜짝 놀라 빨리 내려오라고 소리칠 거예요. 부모님 역시 마찬가지예요. 만약 여러분이 높은 나무에 오르거나 깊은 물에 들어갔다면 더 애를 태우겠지요?

가끔 여러분은 다른 친구들이 못하는 위험한 일을 할 때, 순간적으로 남보다 낫다는 우월감을 느낄 거예요. 하지만 그것은 너무 무모한 행동이에요. 부모님을 위해서라기보다 여러분의 안전을 위해서 조심해야 해요. 그것이 현명한 행동임을 알아야 해요.

40

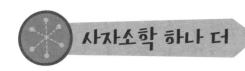
勿泳深淵하라 父母念之시니라.
물 영 심 연　　부 모 념 지

깊은 연못에서 헤엄치지 말라 부모님께서 염려하시느니라.

| 勿 | 泳 | 深 | 淵 | 父 | 母 | 念 | 之 |
|---|---|---|---|---|---|---|---|
| 말 물 | 헤엄칠 영 | 깊을 심 | 못 연 | 아비 부 | 어미 모 | 생각 념 | 어조사 지 |

 한자 깊이 알기

勿登高樹하라 父母憂之시니라.

| 옛 글자 | 현재 글자 |
|---|---|
|  → |  登 |

'登(오를 등)'의 옛 글자를 크게 두 가지로 해석해요. 하나는 윗부분은 두 발, 가운데 부분은 제사 그릇, 아랫부분은 두 손으로 봤어요. 제사 그릇을 두 손으로 들고 제단에 오르는 모습을 그렸다고 생각한 거예요. 또 다른 하나는 윗부분은 두 발, 가운데 부분은 디딤대, 아랫부분은 디딤대를 잡은 손으로 봤어요. 손으로 받친 디딤대를 밟고 오르는 모습을 그렸다고 생각한 거지요. 두 가지 해석 모두 어느 정도 믿을 만해 보이지요?

 '登(오를 등)'이 들어간 고사성어

등용문(登龍門): 용문(龍門)에 오른다는 뜻으로, 어려운 관문을 통과하여 크게 출세하게 됨. 또는 그 관문을 이르는 말. 잉어가 중국 황허강 상류의 급류인 용문을 오르면 용이 된다는 전설에서 유래함.

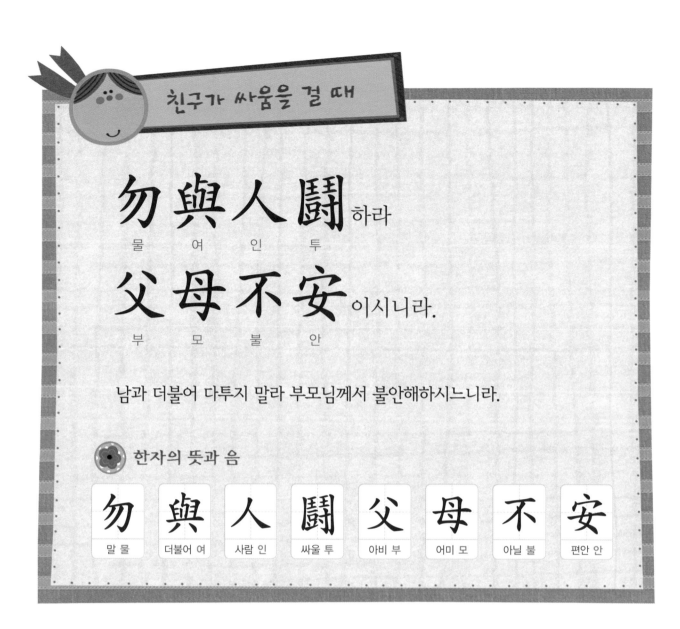

# 勿與人鬪하라
물 여 인 투

# 父母不安이시니라.
부 모 불 안

남과 더불어 다투지 말라 부모님께서 불안해하시느니라.

## 🌸 한자의 뜻과 음

| 勿 | 與 | 人 | 鬪 | 父 | 母 | 不 | 安 |
|---|---|---|---|---|---|---|---|
| 말 물 | 더불어 여 | 사람 인 | 싸울 투 | 아비 부 | 어미 모 | 아닐 불 | 편안 안 |

친구들과 함께 지내다 보면 다툼이 생길 때가 있어요. 때리고 싶을 정도로 정말 얄미운 친구도 있고, 나에게 짓궂게 구는 친구도 있으니까요. 그런데 가장 화나는 그 순간을 넘기면 별 탈 없이 잘 지낼 수 있답니다. 나중에 잘 참았다는 생각도 들걸요? 만약 화날 때마다 참지 못하고 싸웠다면, 여러분은 매사에 짜증만 내고 걸핏하면 화내는 사람이 되었을 거예요. 그렇다고 무조건 참고 견디라는 말은 아니에요. 부당하고 견디기 힘든 일이라면 싫다는 의사 표현을 분명하게 해야 해요. 그런데도 해결이 안 될 때는 반드시 부모님이나 주변 사람들에게 도움을 청하세요. 알겠죠?

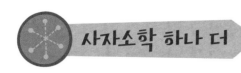

# 사자소학 하나 더

室堂有塵이어든 常必灑掃하라.
실 당 유 진　　　상 필 쇄 소

방과 거실에 먼지가 있거든 항상 반드시 물 뿌리고 쓸어라.

| 室 | 堂 | 有 | 塵 | 常 | 必 | 灑 | 掃 |
|---|---|---|---|---|---|---|---|
| 방 실 | 집 당 | 있을 유 | 티끌 진 | 항상 상 | 반드시 필 | (물) 뿌릴 쇄 | 쓸 소 |

## 한자 깊이 알기

勿與人鬪하라 父母不安이시니라.

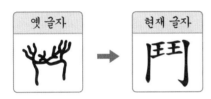

옛 글자 → 현재 글자 鬥

　한자 부수의 하나인 '鬥(싸울 투)'는 두 사람이 맨손으로 치고받는 모습을 그렸어요. 싸움에서 맨손으로 겨루는 기술은 매우 중요해요. 예나 지금이나 군인이라면 꼭 익혀야 하지요. 군대에서 태권도를 배우기도 한답니다.

　참고로 요즘에는 '鬥'보다는 '鬪(싸울 투)'를 많이 사용해요. 예를 들어 '격투기(格鬪技)'는 두 사람이 맞붙어 치고받으며 싸워 승패를 가리는 경기로, 권투·씨름·레슬링·유도 등을 말하지요.

### '鬪(싸울 투)'가 들어간 고사성어

이전투구(泥田鬪狗): 진흙탕에서 싸우는 개라는 뜻으로, 자기의 이익을 위하여 비열하게 다툼.

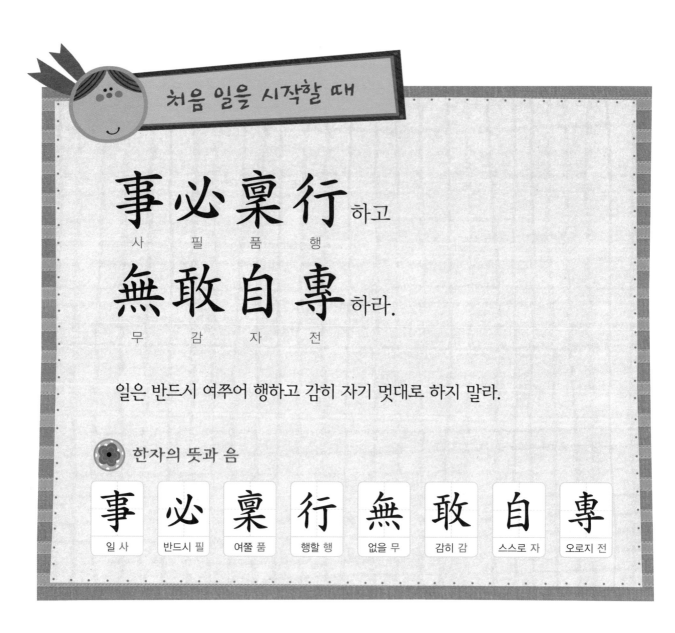

# 事必稟行하고
사 필 품 행

# 無敢自專하라.
무 감 자 전

일은 반드시 여쭈어 행하고 감히 자기 멋대로 하지 말라.

### 한자의 뜻과 음

| 事 | 必 | 稟 | 行 | 無 | 敢 | 自 | 專 |
|---|---|---|---|---|---|---|---|
| 일 사 | 반드시 필 | 여쭐 품 | 행할 행 | 없을 무 | 감히 감 | 스스로 자 | 오로지 전 |

아무리 사소한 일이라도 부모님께 꼭 물어보고 해야 해요. 여러분 마음대로 했다가 일이 잘못되기라도 하면 부모님이 얼마나 속상하시겠어요? 만약 미리 알았다면 일이 잘못되지는 않았을 거라 자책하실 게 뻔해요.

그렇다고 부모님 의견을 무조건 따르라는 의미는 아니에요. 어떤 일을 하는 데 있어서, 부모님의 의견을 묻고 여러분의 생각도 밝혀 보다 나은 방법을 찾으라는 뜻이지요. 부모님은 여러분보다 경험이 많아서 현명한 판단을 내릴 거예요. 부모님은 세상에서 제일가는 조력자*라는 사실, 잊지 마세요.

* **조력자** 도와주는 사람

44

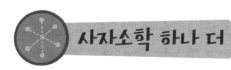 

一欺父母면 其罪如山이니라.
일 기 부 모 기 죄 여 산

한 번 부모님을 속이면 그 죄가 산과 같으니라.

| 一 | 欺 | 父 | 母 | 其 | 罪 | 如 | 山 |
|---|---|---|---|---|---|---|---|
| 한 일 | 속일 기 | 아비 부 | 어미 모 | 그 기 | 허물 죄 | 같을 여 | 뫼 산 |

 한자 깊이 알기

事必稟行하고 無敢自專하라.

'自(스스로 자)'는 얼굴 가운데 튀어나온 코를 그린 글자예요. '自'가 '스스로'·'자신'·'~로 부터'라는 의미로 쓰이게 되자, 뒤에 '鼻(코 비)' 자를 새로 만들었지요.

얼굴 가운데 자리한 코는 자신감을 나타내요. 그래서 창피를 당하거나 기가 죽어 자신감이 뚝 떨어졌을 때 '코가 납작해지다.'라고 하고, 몹시 잘난 체하고 뽐내는 모습을 볼 때 '콧대가 높다.'라고 해요. 여러분의 코는 어떤 모습인가요? 눈에 보이는 코와 눈에 보이지 않는 코, 둘 다 말이에요. 높은가요? 아니면 납작한가요?

🔘 '自(스스로 자)'가 들어간 고사성어

등고자비(登高自卑): ① 높은 곳에 오르려면 낮은 곳에서부터 오른다는 뜻으로, 일을 순서대로 하여야 함. ② 지위가 높아질수록 자신을 낮춤.

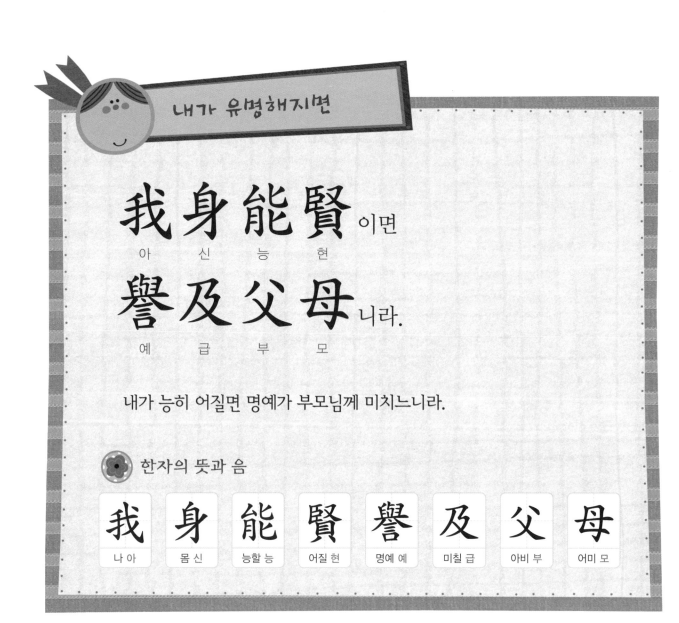

我身能賢이면
아 신 능 현

譽及父母니라.
예 급 부 모

내가 능히 어질면 명예가 부모님께 미치느니라.

**한자의 뜻과 음**

| 我 | 身 | 能 | 賢 | 譽 | 及 | 父 | 母 |
|---|---|---|---|---|---|---|---|
| 나 아 | 몸 신 | 능할 능 | 어질 현 | 명예 예 | 미칠 급 | 아비 부 | 어미 모 |

부모님은 여러분이 성공하고 유명해지면 매우 기뻐하세요. 거꾸로 안 좋은 일로 사람들 입에 오르내리면 세상 누구보다 아파하며 힘들어하시지요. 그러니 부모님을 위해 어떻게 살아야 할까요?

부모님이 성공만을 바라는 것은 아니에요. 여러분이 자신의 일에 최선을 다하는 모습을 보이면 무척 뿌듯해하신답니다. 주변에 자식 자랑을 얼마나 하는지 몰라요. 부모님 눈에는 사소한 자랑거리도 그리 예뻐 보일 수 없나 봐요.

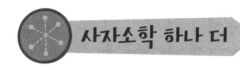 

# 我身不賢이면 辱及父母니라.
## 아 신 불 현 욕 급 부 모

내가 어질지 못하면 욕됨이 부모님께 미치느니라.

| 我 | 身 | 不 | 賢 | 辱 | 及 | 父 | 母 |
|---|---|---|---|---|---|---|---|
| 나 아 | 몸 신 | 아닐 불 | 어질 현 | 욕될 욕 | 미칠 급 | 아비 부 | 어미 모 |

 한자 깊이 알기

# 我身能賢이면 譽及父母니라.

| 옛 글자 | | 현재 글자 |
|---|---|---|
| 稅 | → | 能 |

'能(능할 능)'은 곰을 그렸어요. 이 글자는 한자의 기원이라 할 수 있는 갑골문*에서는 찾을 수 없고 금문**에서 찾을 수 있어요. 금문을 살펴보면 곰의 모습을 본뜬 글자임을 금방 알 수 있지요.

'能'은 원래 '곰'이라는 뜻이었는데, 나중에 곰은 재주를 잘 부린다고 하여 '재능이 있다'·'능력'·'능하다'라는 뜻으로 쓰이게 되었어요. 그러자 사람들은 곰을 나타내기 위해 '熊(곰 웅)' 자를 새로 만들었지요. 여러분도 '곰쓸개'를 뜻하는 '熊膽(웅담)'을 한 번쯤 들어 봤지요?

 '能(능할 능)'이 들어간 고사성어

능소능대(能小能大): 모든 일에 두루 능함.

---

\* **갑골문** 옛날 중국에서, 거북의 등딱지나 짐승의 뼈에 새긴 문자. 주로 점을 칠 때 사용하였음

\*\* **금문** 쇠로 만든 종이나 돌로 만든 비석 따위에 새겨진 글자로, 역사나 문화를 연구하는 데 귀중한 자료가 됨

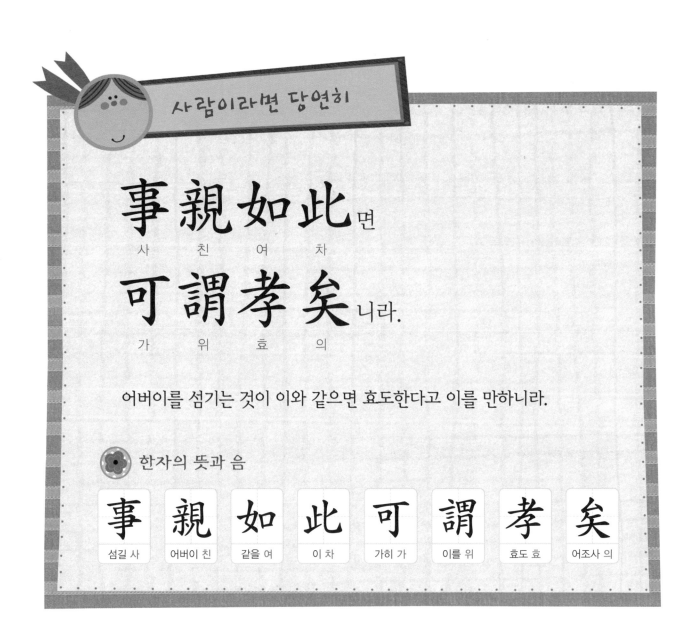

## 事親如此면
사 친 여 차

## 可謂孝矣니라.
가 위 효 의

어버이를 섬기는 것이 이와 같으면 효도한다고 이를 만하니라.

### 한자의 뜻과 음

| 事 | 親 | 如 | 此 | 可 | 謂 | 孝 | 矣 |
|---|---|---|---|---|---|---|---|
| 섬길 사 | 어버이 친 | 같을 여 | 이 차 | 가히 가 | 이를 위 | 효도 효 | 어조사 의 |

사람과 짐승의 차이점은 무엇일까요? 짐승은 본능에 따라 움직일 뿐이지만 사람은 마땅히 지켜야 할 도리를 정해 따라요. 도리를 따르는 것은 결코 쉬운 일이 아니에요. 늙으신 부모님을 모시는 것보다 나 혼자 사는 것이 편한 게 사실이에요. 하지만 몸이 편하자고 부모님께 도리를 다하지 않는다면, 짐승과 사람이 다른 것은 무엇인가요? 다를 게 없지요? 효도는 선택이 아니라 사람이라면 마땅히 지켜야 할 기본적인 도리랍니다.

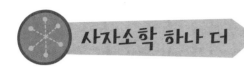 

不能如此면 禽獸無異니라.
불 능 여 차   금 수 무 이

능히 이와 같이 하지 못하면 금수와 다름이 없느니라.

| 不 | 能 | 如 | 此 | 禽 | 獸 | 無 | 異 |
|---|---|---|---|---|---|---|---|
| 아닐 불 | 능할 능 | 같을 여 | 이 차 | 새 금 | 짐승 수 | 없을 무 | 다를 이 |

##  한자 깊이 알기

不能如此면 禽獸無異니라.

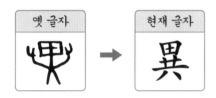
옛 글자 → 현재 글자

'異(다를 이)'는 가면을 쓰고 두 손을 흔들며 춤추는 사람을 그렸어요. 옛날, 사람들은 가면을 쓰고 춤추는 모습이 두려웠을 거예요. 평소와 다르니까요. 그래서인지 '異'에는 '기이하다'·'괴이하다'라는 뜻도 있어요. 또, 사람이 물건을 머리에 이고 두 손으로 받치고 있는 모습을 그렸다는 주장도 있지요. 여러분은 어떤 주장이 맞는 것 같나요?

참고로, '머리에 이다'·'받들다'라는 뜻에 해당하는 한자로는 '戴(일 대)'가 있어요. 예를 들어, '推戴(추대)'는 윗사람으로 떠받든다는 뜻이지요.

⬤ '異(다를 이)'가 들어간 고사성어

이구동성(異口同聲): 입은 다르나 목소리는 같다는 뜻으로, 여러 사람의 말이 한결같음.

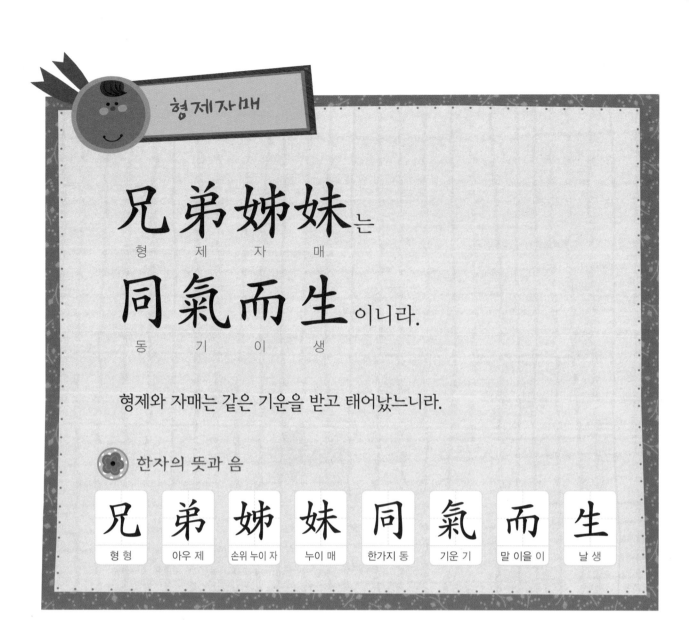

兄弟姉妹<sub>는</sub>
형 제 자 매

同氣而生<sub>이니라.</sub>
동 기 이 생

형제와 자매는 같은 기운을 받고 태어났느니라.

한자의 뜻과 음

| 兄 | 弟 | 姉 | 妹 | 同 | 氣 | 而 | 生 |
|---|---|---|---|---|---|---|---|
| 형 형 | 아우 제 | 손위 누이 자 | 누이 매 | 한가지 동 | 기운 기 | 말 이을 이 | 날 생 |

동생을 때리고 못살게 굴면 어떤 형인가요? 형을 무시하고 대들면 어떤 동생인가요? 여러분은 이미 이런 행동이 잘못된 것임을 알고 있어요. 또한 서로 어떻게 대해야 하고, 무엇을 조심해야 하는지도 알고 있지요. 태어나면서부터 함께 자라 온 형제자매이기 때문이에요.

'피를 나눈 형제'라는 말이 있어요. '피는 물보다 진하다.'라는 말도 있지요. 모두 형제자매가 세상 어떤 누구보다 가장 가깝다는 뜻이랍니다.

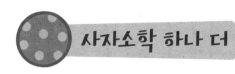
兄友弟恭<sub></sub>하여 不敢怨怒<sub></sub>니라.
형 우 제 공 불 감 원 노

형은 우애하고 아우는 공손하여 감히 원망하거나 성내지 말라.

| 兄 | 友 | 弟 | 恭 | 不 | 敢 | 怨 | 怒 |
|---|---|---|---|---|---|---|---|
| 형 형 | 우애할 우 | 아우 제 | 공손할 공 | 아닐 불 | 감히 감 | 원망할 원 | 성낼 노 |

 한자 깊이 알기

兄弟姉妹<sub></sub>는 同氣而生<sub></sub>이니라.

옛 글자 → 현재 글자

'兄(형 형)'은 사람 위에 입을 그린 모양이에요. 입으로 말을 하잖아요? 말하는 사람이라는 뜻을 나타낸 거지요. 그런데 왜 이렇게 되었는지에 대한 주장이 다양해요. 손윗사람이 손아랫사람을 말로 시키기 때문에 형이라는 주장, 하늘에 있는 신을 향해 제사를 지내는 사람이 큰아들이니 형이라는 주장이 있지요. 또 제사를 지내며 신께 빈다는 뜻을 가진 '祝(빌 축)'의 처음 글자였다가 나중에 형을 나타낸 것이라는 주장도 있어요. 가장 재미있는 주장은 나보다 먼저 태어나 머리가 더 큰 사람이라는 해석이에요.

 '兄(형 형)'이 들어간 고사성어

난형난제(難兄難弟): 누구를 형이라 하고 누구를 아우라 하기 어렵다는 뜻으로, 두 사물이 비슷하여 낫고 못함을 정하기 어려움.

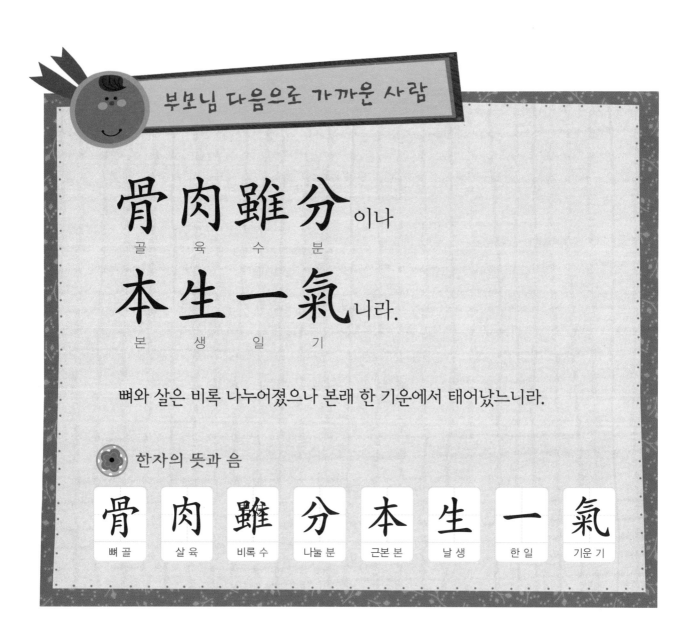

# 骨肉雖分이나
골 육 수 분

# 本生一氣니라.
본 생 일 기

뼈와 살은 비록 나누어졌으나 본래 한 기운에서 태어났느니라.

### 한자의 뜻과 음

| 骨 | 肉 | 雖 | 分 | 本 | 生 | 一 | 氣 |
|---|---|---|---|---|---|---|---|
| 뼈 골 | 살 육 | 비록 수 | 나눌 분 | 근본 본 | 날 생 | 한 일 | 기운 기 |

형과 아우를 '형제(兄弟)'라 하고, 언니와 여동생을 '자매(姉妹)'라 하고, 오빠와 여동생 또는 누나와 남동생을 '남매(男妹)'라 해요. 이 세 단어는 모두 친근한 말이지요?

형제자매끼리는 어딘가 조금씩 닮아 있어요. 형제자매와 닮았다는 말을 들었을 때, 스스로 인정하지 못하고 고개를 갸우뚱하지요? 왜 그럴까요? 아마 여러분은 함께 생활하기 때문에 서로 다른 점을 찾고, 친구들은 여러분과 형제자매에게서 닮은 점을 찾으려 하기 때문일 거예요.

## 사자소학 하나 더

形體雖異나 素受一血이니라.
형 체 수 이    소 수 일 혈

몸의 생김새는 비록 다르나 본래 한 핏줄에서 받았느니라.

| 形 | 體 | 雖 | 異 | 素 | 受 | 一 | 血 |
|---|---|---|---|---|---|---|---|
| 모양 형 | 몸 체 | 비록 수 | 다를 이 | 본디 소 | 받을 수 | 한 일 | 피 혈 |

 한자 깊이 알기

骨肉雖分이나 本生一氣니라.

'生(날 생)'은 땅 위로 솟아나는 풀의 모양을 본떴어요. 그래서 '낳다'·'생기다'·'살다'·'자라다'·'목숨' 등의 뜻으로 쓰이지요. 『설문해자』에는 '生은 돋아나다는 뜻이다. 초목이 땅 위로 자라 나오는 모양을 본떴다.'라고 기록되어 있어요.

사람들은 살면서 참 많은 고민을 해요. 오죽하면 '삶은 백 년을 채우지 못하지만, 늘 천년의 시름을 안고 산다.'라는 말이 있겠어요? '앞으로 일어날 일은 우리가 하는 걱정을 결코 넘지 않는다.'라는 말도 있고 말이에요. 그러니 너무 걱정만 하면서 시간을 보내지 말아요.

◉ '生(날 생)'이 들어간 고사성어

**후생가외(後生可畏):** 젊은 후배들을 두려워할 만하다는 뜻으로, 후배들이 선배들보다 젊고 기력이 좋아, 학문을 닦음에 따라 큰 인물이 될 수 있으므로 가히 두렵다는 말.

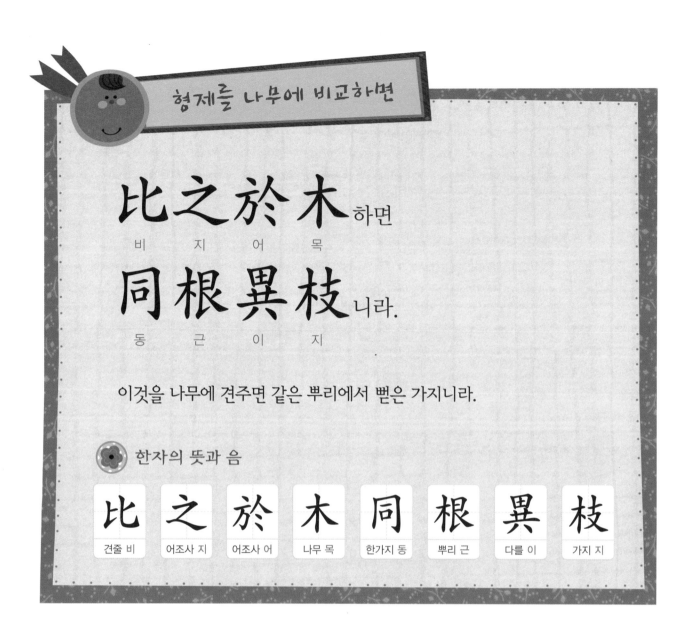

比之於木하면
비 지 어 목

同根異枝니라.
동 근 이 지

이것을 나무에 견주면 같은 뿌리에서 뻗은 가지니라.

한자의 뜻과 음

| 比 | 之 | 於 | 木 | 同 | 根 | 異 | 枝 |
|---|---|---|---|---|---|---|---|
| 견줄 비 | 어조사 지 | 어조사 어 | 나무 목 | 한가지 동 | 뿌리 근 | 다를 이 | 가지 지 |

형제를 나무에 빗대어 말하면 같은 뿌리에서 뻗은 다른 가지예요. 물에 비기면 한 곳에서 시작돼 개천이나 강으로 흘러 나가는 다른 줄기라고 할 수 있지요.

만약 가지끼리 서로 싸워서 끊어지면 어떻게 될까요? 뿌리와 줄기를 통해 영양분을 공급받던 가지는 말라 죽고 말 거예요. 형제도 이와 같아요. 서로 싸우면 관계가 끊어져 어려움을 겪지요. 형제는 평생을 함께하며 살아야 하는 존재랍니다.

# 比之於水하면 同源異流니라.
비 지 어 수　　　　동 원 이 류

이것을 물에 견주면 같은 근원에서 갈라진 흐름이니라.

| 比 | 之 | 於 | 水 | 同 | 源 | 異 | 流 |
|---|---|---|---|---|---|---|---|
| 견줄 비 | 어조사 지 | 어조사 어 | 물 수 | 한가지 동 | 근원 원 | 다를 이 | 흐를 류 |

 한자 깊이 알기

比之於木하면 同根異枝니라.

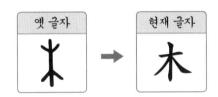

'木(나무 목)'은 위로 향한 가지와 아래로 뻗은 뿌리를 그렸어요. 나무는 딱딱한 '대지(大地)'를 맨몸으로 파고들어 뿌리를 내려요. 추운 겨울에는 자신이 가진 모든 것을 내려놓고 땅과 하나가 되지요. 많이 춥고 아플 텐데도 내색 한 번 하지 않아요. 그래서 하늘을 보고 두 팔을 든 모습이 그리도 겸손한지 모르겠어요. 우리도 작은 상처에 호들갑을 떨어 주변 사람들을 힘들게 하지 말아요. 이제 고개를 들어 가볍게 웃어요. 나무가 우리에게 '나 괜찮아, 걱정해 줘서 고마워!'라고 말하는 것처럼요.

🌸 '木(나무 목)'이 들어간 고사성어

연목구어(緣木求魚): 나무에 올라가서 물고기를 구한다는 뜻으로, 도저히 불가능한 일을 굳이 하려 함.

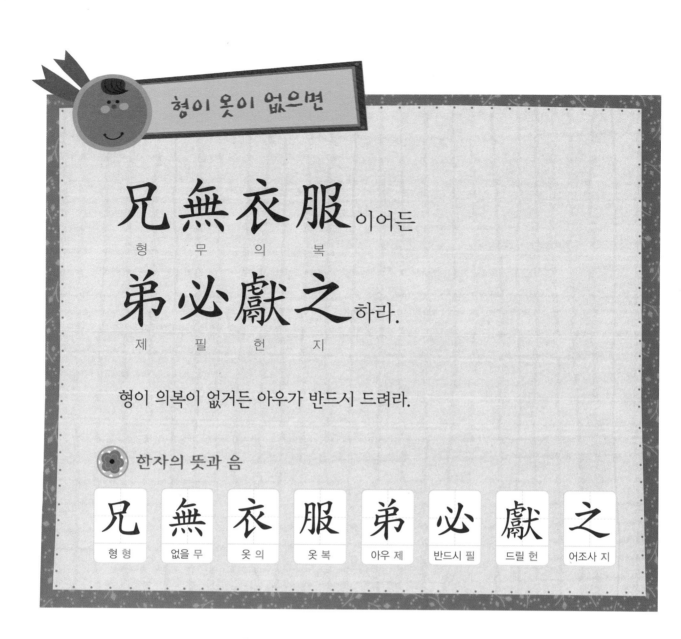

兄無衣服이어든
형 무 의 복

弟必獻之하라.
제 필 헌 지

형이 의복이 없거든 아우가 반드시 드려라.

### 한자의 뜻과 음

| 兄 | 無 | 衣 | 服 | 弟 | 必 | 獻 | 之 |
|---|---|---|---|---|---|---|---|
| 형 형 | 없을 무 | 옷 의 | 옷 복 | 아우 제 | 반드시 필 | 드릴 헌 | 어조사 지 |

　　형제끼리는 콩 한 쪽도 나누어야 해요. 여기서 콩 한 쪽은 아주 작은 물건이나 먹을 것을 뜻하지요. 왜 가족끼리는 서로 나누고 챙겨야 하는 걸까요?

　　가족이란 나와 가장 친하고 가까운 사람들이에요. 정글과도 같은 세상에서 가족은 서로에게 의지하고 기대며 살아요.

　　어른이 되어 각자 독립해서도 마찬가지예요. 가족이 있다는 것만으로도 얼마나 큰 힘이 되는지 몰라요. 이러니 가족과 가진 것을 나누고 서로 챙기는 것은 당연한 일이에요.

弟無飲食이어든 兄必與之하라.
제 무 음 식          형 필 여 지

아우가 음식이 없거든 형이 반드시 주어라.

| 弟 | 無 | 飲 | 食 | 兄 | 必 | 與 | 之 |
|---|---|---|---|---|---|---|---|
| 아우 제 | 없을 무 | 마실 음 | 먹을 식 | 형 형 | 반드시 필 | 줄 여 | 어조사 지 |

 한자 깊이 알기

兄無衣服이어든 弟必獻之하라.

| 옛 글자 | → | 현재 글자 |
|---|---|---|
| 橆 | | 無 |

'無(없을 무)'는 손에 물건을 쥐고 춤추는 모습을 그렸어요. 원래 '춤추다'라는 뜻이었는데 '없다'라는 뜻으로 쓰이게 되자, '舞(춤출 무)' 자를 새로 만들었지요.

사람들은 항상 가지고 싶은 것만을 생각해요. 그래서 한숨을 쉬지요. 우리에게 없어야 할 것도 참 많아요. 예를 들면 남을 해하려는 마음처럼 말이에요. 이제 여러분도 있어야 할 것은 있고, 없어야 할 것은 없는 사람이 되었으면 해요. 말장난 같지만 이것이 참 어려운 중용의 경지랍니다. 중용의 경지란 지나침도 미치지 못함도 없는 상태에 다다른 것을 말해요.

 '無(없을 무)'가 들어간 고사성어

유비무환(有備無患): 미리 준비가 되어 있으면 걱정할 것이 없음.

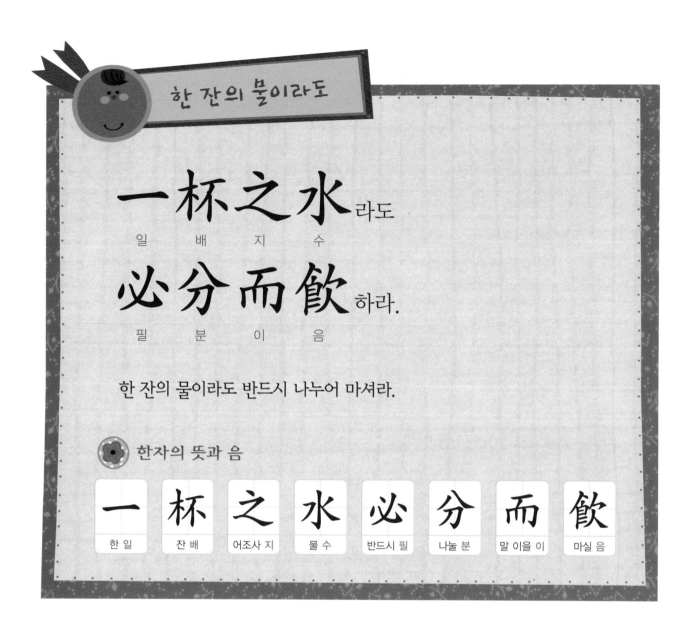

一杯之水라도
일 배 지 수

必分而飮하라.
필 분 이 음

한 잔의 물이라도 반드시 나누어 마셔라.

🌸 한자의 뜻과 음

| 一 | 杯 | 之 | 水 | 必 | 分 | 而 | 飮 |
|---|---|---|---|---|---|---|---|
| 한 일 | 잔 배 | 어조사 지 | 물 수 | 반드시 필 | 나눌 분 | 말 이을 이 | 마실 음 |

여러분은 형제자매와 무슨 일로 부모님께 혼이 나나요? 맛있는 음식을 서로 먹겠다고 싸워서, 좋은 물건을 서로 갖겠다고 싸워서 때문은 아닌가요? 부모님은 왜 자기 욕심만 챙기려고 싸울 때 가장 많이 혼을 내셨을까요? 바로 서로를 배려하지 않고 혼자만 생각하는 그 마음을 혼내려고 하신 거예요. 왜냐하면 이런 마음은 가족의 화목을 깨뜨리고 서로 미워하는 마음을 갖게 하니까요. 부모님은 본인들이 세상을 떠났을 때, 자식들끼리 서로 의지하며 잘 살기를 바라세요. 그러니 당연히 싸우지 않고 우애 있게 지내기를 가르치시는 것이죠.

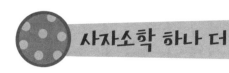
一粒之食이라도 必分而食하라.
일 립 지 식   필 분 이 식

한 알의 음식이라도 반드시 나누어 먹어라.

| 一 | 粒 | 之 | 食 | 必 | 分 | 而 | 食 |
|---|---|---|---|---|---|---|---|
| 한 일 | 낟알 립 | 어조사 지 | 먹을 식 | 반드시 필 | 나눌 분 | 말 이을 이 | 먹을 식 |

 한자 깊이 알기

一杯之水라도 必分而飮하라.

옛 글자 → 현재 글자

'分(나눌 분)'의 옛 글자를 보면 '八(여덟 팔)'과 '刀(칼 도)'가 합쳐져 있어요. '八'은 원래 '나누다'라는 뜻을 나타냈어요. 이것이 '여덟'이라는 뜻으로 쓰이자, '分' 자를 새로 만들었지요. 『설문해자』를 보면 '칼로 물체를 나눈다는 뜻이다.'라고 기록되어 있어요.

우리는 항상 무언가를 나누어요. 사랑과 관심에서부터 돈까지 말이에요. 그런데 어떻게 나누고 또 어떻게 주는가에 따라 웃음 짓기도 하고 눈물짓기도 해요. 이제 잘 나누어 주세요. 마음도 돈도 말이에요.

 '分(나눌 분)'이 들어간 고사성어

사분오열(四分五裂): ① 여러 갈래로 갈기갈기 찢어짐. ② 질서 없이 어지럽게 흩어지거나 헤어짐. ③ 천하가 심히 어지러워짐.

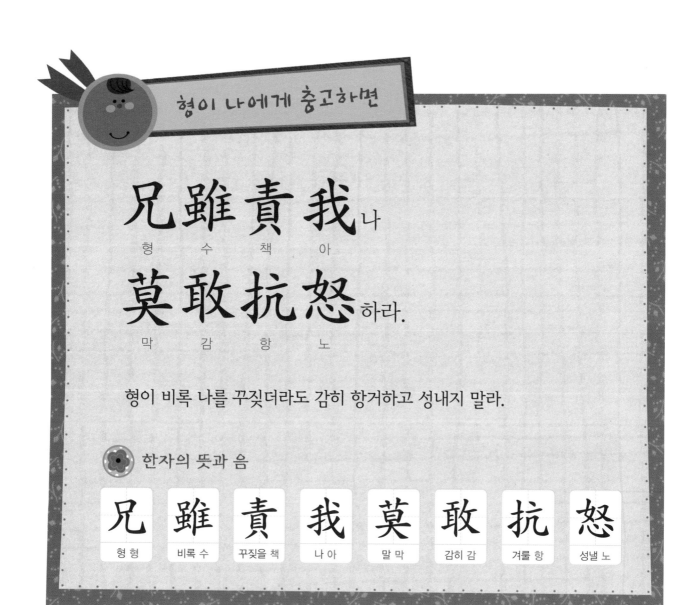

兄雖責我 나
형 수 책 아

莫敢抗怒 하라.
막 감 항 노

형이 비록 나를 꾸짖더라도 감히 항거하고 성내지 말라.

🌸 한자의 뜻과 음

| 兄 | 雖 | 責 | 我 | 莫 | 敢 | 抗 | 怒 |
|---|---|---|---|---|---|---|---|
| 형 형 | 비록 수 | 꾸짖을 책 | 나 아 | 말 막 | 감히 감 | 겨룰 항 | 성낼 노 |

대부분의 사람들은 자신과 가까운 가족의 충고는 흘려듣고, 다른 이들의 충고를 잘 받아들여요. 오랫동안 함께한 가족의 충고가 더 정확한데도 말이죠. 왜 그럴까요? 그건 친한 사람일수록 편하게 생각해 함부로 대하는 안 좋은 습관이 있기 때문이에요. 가까이 있는 가족에게 더 잘해야 해요. 그들의 말에 더 귀를 기울여야 해요.

여러분이 가족에게 충고할 때도 친절한 말로 해야 해요. 아무리 좋은 악기 소리도 귀에 거슬리는 쇳소리와 함께라면 듣기 싫은 법이니까요.

# 弟雖有過<sub>나</sub> 須勿聲責<sub>하라.</sub>
제 수 유 과 수 물 성 책

아우가 비록 잘못이 있더라도 모름지기 큰 소리로 꾸짖지 말라.

| 弟 | 雖 | 有 | 過 | 須 | 勿 | 聲 | 責 |
|---|---|---|---|---|---|---|---|
| 아우 제 | 비록 수 | 있을 유 | 허물 과 | 모름지기 수 | 말 물 | 소리 성 | 꾸짖을 책 |

##  한자 깊이 알기

弟雖有過<sub>나</sub> 須勿聲責<sub>하라.</sub>

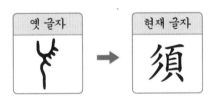

'須(모름지기 수)'는 사람의 턱 선을 그린 뒤 세 갈래 털을 그렸어요. 옛 글자 모양으로 '須'가 '수염'을 뜻했다는 것을 금방 알 수 있지요. 그런데 '모름지기'·'반드시'라는 의미로 쓰이게 되자, '鬚(수염 수)' 자를 새로 만들었어요. 흔히 '스프링'이라고도 불리는 '용수철(龍鬚鐵)'을 알지요? 용의 수염을 닮았다고 해서 생긴 말이랍니다. 용의 수염은 돌돌 말려 있거든요.

### ⚙ '須(모름지기 수)'가 들어간 고사성어

남아수독오거서(男兒須讀五車書): 남자는 모름지기 다섯 수레에 실을 만큼의 책을 읽어야 한다는 말.

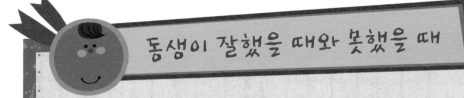

동생이 잘했을 때와 못했을 때

# 兄弟有善이어든
형 제 유 선

# 必譽于外하라.
필 예 우 외

형제 간에 잘한 일이 있으면 반드시 밖에 칭찬하라.

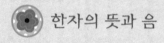 한자의 뜻과 음

| 兄 | 弟 | 有 | 善 | 必 | 譽 | 于 | 外 |
|---|---|---|---|---|---|---|---|
| 형 형 | 아우 제 | 있을 유 | 착할 선 | 반드시 필 | 기릴 예 | 어조사 우 | 바깥 외 |

여러분이 많은 사람 앞에서 형을 험담했다고 생각해 보세요. 형은 보기와 다르게 잘 씻지를 않아 지저분하고 냄새가 난다고 말이에요. 화가 난 형은 여러분이 아직도 엄마 없이는 못 자는 어린애라고 놀렸어요. 그 자리에 모인 모두가 웃겠지만 여러분과 형은 창피해서 고개도 들지 못할 거예요. 이렇듯 많은 사람 앞에서 가족의 흠을 드러내는 것은 좋지 않아요. 가족을 험담하는 일은 누워서 침을 뱉는 것처럼, 도리어 자신에게 해가 되는 일이니까요.

가족끼리는 허물을 고칠 수 있도록 서로 도와야 해요. 만약 노력했는데도 잘 고쳐지지 않을 때는 다른 사람에게 도움을 청해요. 또, 잘한 일에 대해서는 칭찬을 아끼지 않는 게 당연하지요.

# 兄弟有失이어든 隱而勿揚하라.
형 제 유 실 은 이 물 양

형제 간에 잘못이 있으면 숨기고 드러내지 말라.

| 兄 | 弟 | 有 | 失 | 隱 | 而 | 勿 | 揚 |
|---|---|---|---|---|---|---|---|
| 형 형 | 아우 제 | 있을 유 | 잘못 실 | 숨을 은 | 말 이을 이 | 말 물 | 들날릴 양 |

 한자 깊이 알기

## 兄弟有善이어든 必譽于外하라.

| 옛 글자 | | 현재 글자 |
|---|---|---|
| | → | 有 |

'有(있을 유)'는 손에 고기를 가지고 있는 모습을 그려, '있다'라는 뜻을 표현했어요. 참으로 그럴듯한 표현이지요? 먼 옛날에는 음식을 구하는 것이 쉽지 않았을 테니까 말이에요.

우리는 항상 부족하다고 느끼지만 손에 쥔 것이 참 많아요. 옛사람처럼 한 끼의 식사도 감사하게 생각해 봐요. 그러면 여러분이 얼마나 가진 게 많은 사람인지 깨닫게 될 거예요.

 '有(있을 유)'가 들어간 고사성어

유명무실(有名無實): 이름만 그럴듯하고 실속은 없음.

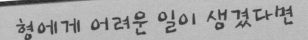

형에게 어려운 일이 생겼다면

# 兄弟有難이어든
형 제 유 난

# 悶而思救하라.
민 이 사 구

형제 간에 어려운 일이 있으면 근심하고 구원해 주기를 생각하라.

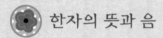 한자의 뜻과 음

| 兄 | 弟 | 有 | 難 | 悶 | 而 | 思 | 救 |
|---|---|---|---|---|---|---|---|
| 형 형 | 아우 제 | 있을 유 | 어려울 난 | 답답할 민 | 말 이을 이 | 생각 사 | 구원할 구 |

형이 어려움에 놓이면 동생은 어떻게 해야 할까요? 무작정 모든 일을 팽개치고 도와야 할까요? 이것이 과연 바람직한 행동일까요? 형도 내가 그러는 것을 바랄까요? 당연히 그렇지 않을 거예요. 하지만 형이 어려움에 놓였는데 나 몰라라 모른 척하고만 있는 것도 바른 행동은 아니에요. 글에서 근심하고 구원할 방법을 찾으라는 말은 고민하고 또 고민해 형을 도울 현명한 방법을 찾으라는 뜻이랍니다.

# 兄能如此면 弟亦效之니라.
형 능 여 차 제 역 효 지

형이 능히 이와 같이 하면 아우 또한 본받으리라.

| 兄 | 能 | 如 | 此 | 弟 | 亦 | 效 | 之 |
|---|---|---|---|---|---|---|---|
| 형 형 | 능할 능 | 같을 여 | 이 차 | 아우 제 | 또 역 | 본받을 효 | 어조사 지 |

##  한자 깊이 알기

兄能如此면 弟亦效之니라.

'亦(또 역)'은 사람 모양을 그린 '大(큰 대)'에 선 두 개를 그어 겨드랑이를 가리켰어요. 처음에는 '겨드랑이'를 뜻했지만 '또'·'역시'라는 뜻으로 쓰이게 되자, '腋(겨드랑이 액)' 자를 새로 만들었지요.

참고로 '역시(亦是)'는 '亦'과 '是(옳을 시)'가 합쳐진 한자어예요. 이 말은 자신이 생각했던 대로 어떤 일이 진행되거나 아무리 생각해도 그렇게 하는 수밖에 없을 때 주로 쓰지요.

 '亦(또 역)'이 들어간 고사성어

**마행처우역거(馬行處牛亦去):** 말 가는 데 소도 간다는 뜻으로, 재주가 달라도 꾸준히 노력하면 이룰 수 있음.

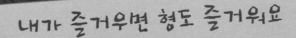

# 내가 즐거우면 형도 즐거워요

我有歡樂이면
아 유 환 락

兄弟亦樂하니라.
형 제 역 락

나에게 기쁨과 즐거움이 있으면 형제 또한 즐거워하니라.

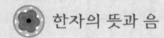 한자의 뜻과 음

| 我 | 有 | 歡 | 樂 | 兄 | 弟 | 亦 | 樂 |
|---|---|---|---|---|---|---|---|
| 나 아 | 있을 유 | 기쁠 환 | 즐거울 락 | 형 형 | 아우 제 | 또 역 | 즐거울 락 |

여러분에게 좋은 일이 있으면 형제도 기뻐해요. 다른 사람들은 겉으로 축하하면서 속으로 질투하고 잘못되기를 바라기도 하지만, 형제는 그렇지 않아요. 진심으로 축하해 줘요. 이것이 바로 가족과 남이 다른 점이에요.

여러분에게 근심이 생겨도 마찬가지예요. 남들은 잠깐 안타까워하고 곧 아무 일 없는 듯이 생활을 하지만, 가족은 마치 자신의 일처럼 아파하고 걱정해 주지요. 이제 가족들을 어떻게 대해야 할지 알겠죠?

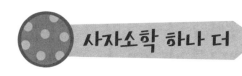
我有憂患이면 兄弟亦憂니라.
아 유 우 환      형 제 역 우

나에게 근심과 걱정이 있으면 형제 또한 근심하느니라.

|  |  |  |  | 兄 |  |  |  |
|---|---|---|---|---|---|---|---|
| 나 아 | 있을 유 | 근심 우 | 근심 환 | 형 형 | 아우 제 | 또 역 | 근심 우 |

 한자 깊이 알기

我有歡樂이면 兄弟亦樂하니라.

'樂(즐거울 락, 노래 악, 좋아할 요)'는 나무 위에 있는 악기를 표현했어요. 원래 '樂'은 '악기'나 '음악'을 뜻했어요. 뒤에 그 의미가 확장돼, '즐겁다'·'좋아하다'라는 뜻도 나타내게 되었답니다.

여러분은 어떤 음악을 주로 듣나요? 인기 순위 차트에 오른 곡을 듣나요? 그렇다면 여러분은 누군가의 시선을 무척 신경 쓰며 사는 사람일 확률이 높아요. 모두가 아는데 나만 모르면 뒤처지는 것 같아서 그 음악을 듣기도 하니까요. 이제 여러분이 진짜 좋아하는 음악을 한번 찾아봐요.

🔘 '樂(즐거울 락, 노래 악, 좋아할 요)'가 들어간 고사성어

요산요수(樂山樂水): 자연을 즐기고 좋아함.

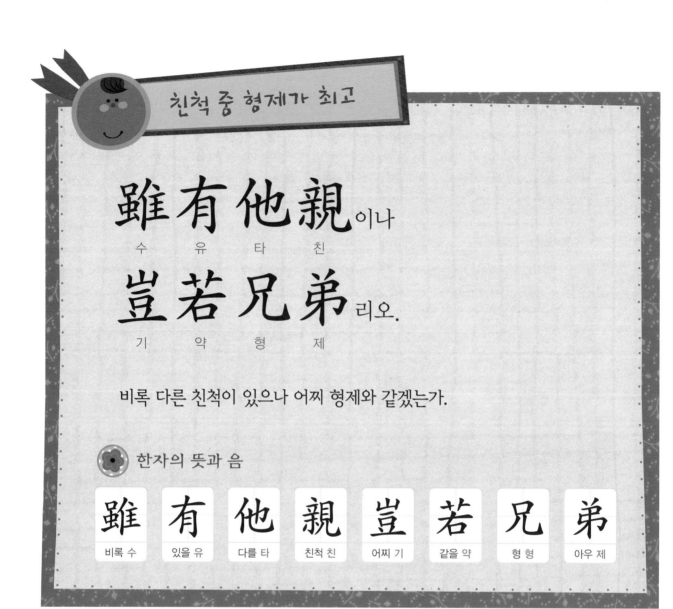

雖有他親이나
수 유 타 친

豈若兄弟리오.
기 약 형 제

비록 다른 친척이 있으나 어찌 형제와 같겠는가.

### 한자의 뜻과 음

| 雖 | 有 | 他 | 親 | 豈 | 若 | 兄 | 弟 |
|---|---|---|---|---|---|---|---|
| 비록 수 | 있을 유 | 다를 타 | 친척 친 | 어찌 기 | 같을 약 | 형 형 | 아우 제 |

촌수로 친척 사이의 멀고 가까운 정도를 알 수 있어요. '나'로부터 친척에 이르는 관계를 숫자로 나타낸 것이 촌수거든요. 한번 알아볼까요? 나와 부모님은 1촌이고, 나와 형제는 2촌, 나와 부모님의 형제는 3촌, 나와 부모님 형제의 자녀와는 4촌 관계가 된답니다. 어때요? 촌수를 따져 봐도 나와 가장 가까운 사람은 부모님이고, 그 다음이 형제인 것을 알 수 있지요? 그러니 형제끼리 어떻게 지내야겠어요? 당연히 싸우지 않고 우애 있게 지내야지요.

사자소학 하나 더

兄弟和睦이면 父母喜之이니라.
형 제 화 목　부 모 희 지

형제가 화목하면 부모님께서 기뻐하시느니라.

| 兄 | 弟 | 和 | 睦 | 父 | 母 | 喜 | 之 |
|---|---|---|---|---|---|---|---|
| 형 형 | 아우 제 | 화할 화 | 화목할 목 | 아비 부 | 어미 모 | 기쁠 희 | 어조사 지 |

 한자 깊이 알기

兄弟和睦이면 父母喜之이니라.

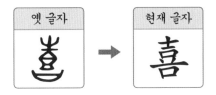

'喜(기쁠 희)'는 북 밑에 입을 그렸어요. 북과 입을 함께 그린 것은 북을 치고 입으로 노래한다는 의미예요. 북을 치고 노래를 부르면 신나고 기분이 좋겠죠? 그래서 '喜'에는 '기쁘다'·'즐겁다'·'좋다'·'사랑하다'·'행복'이라는 의미가 모두 있어요.

만약 내가 어떤 사람인지를 알고 싶다면, 지금 연필을 들고 종이에 써 보세요. 내가 무엇을 좋아하고 무엇을 싫어하는지를요. 이렇게 하나씩 써 내려가다 보면 여러분은 자신이 어떤 사람인지 알 수 있을 거예요.

 '喜(기쁠 희)'가 들어간 고사성어

희로애락(喜怒哀樂): 기쁨과 노여움과 슬픔과 즐거움을 아울러 이르는 말.

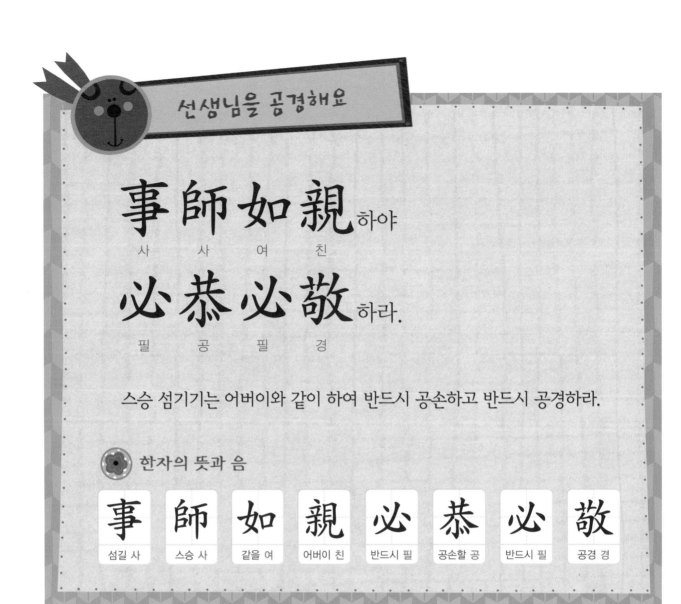

事師如親하야
사 사 여 친

必恭必敬하라.
필 공 필 경

스승 섬기기는 어버이와 같이 하여 반드시 공손하고 반드시 공경하라.

**한자의 뜻과 음**

| 事 | 師 | 如 | 親 | 必 | 恭 | 必 | 敬 |
|---|---|---|---|---|---|---|---|
| 섬길 사 | 스승 사 | 같을 여 | 어버이 친 | 반드시 필 | 공손할 공 | 반드시 필 | 공경 경 |

요즘은 손안에 스마트폰만으로도 필요한 지식을 쉽게 얻을 수 있지요? 학교와 학원에 선생님도 많고 말이에요. 그래서 옛날에 비해 그 존재의 소중함을 느끼지 못하는 것 같아요. 하지만 기억해야 해요. 선생님은 사랑으로 여러분을 가르치신답니다. 참되고 바르게 자라도록 말이에요. '부모의 은덕은 낳아서 기른 은덕이요, 스승의 은덕은 가르쳐 사람 만든 은덕이라.'라는 속담이 있어요. 훌륭한 사람이 되도록 가르쳐 준 스승의 은덕은 부모의 은덕에 못지아니하게 귀중하다는 뜻이지요.

# 先生施教어시든 弟子是則하라.
선 생 시 교     제 자 시 칙

선생님께서 가르침을 베푸시거든 제자들은 이것을 본받아라.

| 先 | 生 | 施 | 敎 | 弟 | 子 | 是 | 則 |
|---|---|---|---|---|---|---|---|
| 먼저 선 | 날 생 | 베풀 시 | 가르칠 교 | 아우 제 | 아들 자 | 이 시 | 본받을 칙 |

 한자 깊이 알기

## 事師如親하야 必恭必敬하라.

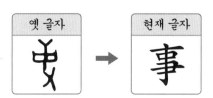
옛 글자 → 현재 글자

'事(일 사)'는 역사를 기록하는 사관을 뜻하는 '史(사기 사)'와 옛 글자가 같아요. 손에 활을 든 모습을 그린 거지요. 옛날에는 점을 치기 위해서 사관이 활처럼 생긴 기구를 이용해 거북의 등딱지에 구멍을 냈어요. 그런 다음 불에 달군 나무로 지지면 등딱지가 갈라졌지요. 그 모양을 보고 점을 친 거예요.

이 글자를 책이나 붓을 들고 있는 모습이라고 주장하는 사람도 있어요. 무얼 들었든 일은 했겠죠?

 '事(일 사)'가 들어간 고사성어

사필귀정(事必歸正): 모든 일은 반드시 바른길로 돌아감.

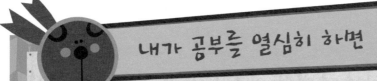

# 夙興夜寐하야
숙 흥 야 매

# 勿懶讀書하라.
물 라 독 서

일찍 일어나고 밤늦게 자서 책 읽기를 게을리하지 말라.

 한자의 뜻과 음

| 夙 | 興 | 夜 | 寐 | 勿 | 懶 | 讀 | 書 |
|---|---|---|---|---|---|---|---|
| 일찍 숙 | 일어날 흥 | 밤 야 | 잘 매 | 말 물 | 게으를 라 | 읽을 독 | 글 서 |

사람마다 공부하는 이유나 방법이 다 달라요. 부모님이나 선생님 때문에 어쩔 수 없이 공부하는 친구가 있는 반면에, 미래를 위해 스스로 노력하는 친구도 있어요. 어려운 수학 문제를 풀고 영어 단어를 달달 외우는 것만이 공부가 아니에요. 요리사가 꿈인 친구에게는 음식을 직접 만들어 보는 것이 중요한 공부랍니다. 공부는 학생 때 잠깐 하는 것이 아니라 평생을 부지런히 노력해야 하는 것이에요.

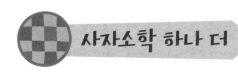 

勤勉工夫하면 父母悅之시니라.
근 면 공 부 부 모 열 지

공부에 부지런히 힘쓰면 부모님께서 기뻐하시느니라.

| 勤 | 勉 | 工 | 夫 | 父 | 母 | 悅 | 之 |
|---|---|---|---|---|---|---|---|
| 부지런할 근 | 힘쓸 면 | 장인 공 | 남편 부 | 아비 부 | 어미 모 | 기쁠 열 | 어조사 지 |

 한자 깊이 알기

勤勉工夫하면 父母悅之시니라.

 →

옛 글자 → 현재 글자

'夫(남편 부)'는 머리에 비녀를 꽂은 사내를 그렸어요. 옛날 중국에서, 성인 남자는 머리를 묶고 비녀를 가로로 꽂았다고 해요. 원래 '夫'는 성인 남자를 뜻하는 말이었지만 요즘에는 '남편'이라는 뜻으로 많이 쓰여요.

여러분은 혹시 『맹자』에 나오는 '대장부(大丈夫)'라는 말을 들어 본 적이 있나요? 돈이나 명예에도 마음이 흔들리지 않고 자신의 소신*을 지킬 수 있는 사람을 뜻해요. 조금 어려운 일이지만 노력한다면 가능하지 않을까요?

 '夫(남편 부)'가 들어간 고사성어

필부필부(匹夫匹婦): 평범한 남녀.

---

* **소신** 굳게 믿고 있는 바. 또는 생각하는 바

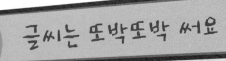

## 始習文字어든 字劃楷正하라.

시 습 문 자

자 획 해 정

처음 문자를 익힐 때에는 글자의 획을 바르게 써라.

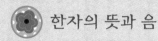
🌸 한자의 뜻과 음

| 始 | 習 | 文 | 字 | 字 | 劃 | 楷 | 正 |
|---|---|---|---|---|---|---|---|
| 처음 시 | 익힐 습 | 글월 문 | 글자 자 | 글자 자 | 그을 획 | 바를 해 | 바를 정 |

잘 쓰지 못한 글씨를 악필이라고 해요. 흔히 천재는 악필이라고 말하지요? 혹시 아인슈타인이 기록한 노트를 본 적이 있나요? 지금까지도 천재라고 불리는 그가 얼마나 글씨를 잘 썼고, 얼마나 정리를 잘했는지를 알면 여러분은 깜짝 놀랄 거예요. 천재는 악필일 수도 있지만, 악필이라고 천재인 것은 아니에요.

글씨를 또박또박 쓰는 것은 글을 읽는 상대에 대한 최소한의 예의예요. 글씨를 또박또박 써 봐요. 아마 기분도 좋아질 거예요.

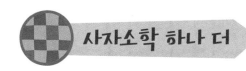 

# 書冊狼藉어든 每必整頓하라.
서 책 랑 자 매 필 정 돈

서책이 어지럽혀져 있거든 매번 반드시 정돈하라.

| 書 | 冊 | 狼 | 藉 | 每 | 必 | 整 | 頓 |
|---|---|---|---|---|---|---|---|
| 글 서 | 책 책 | 어지러울 랑 | 깔 자 | 매양 매 | 반드시 필 | 가지런할 정 | 정돈할 돈 |

 **한자 깊이 알기**

書冊狼藉어든 每必整頓하라.

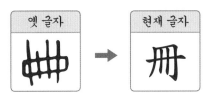

옛 글자 → 현재 글자

'冊(책 책)'은 대나무 조각을 엮어 만든 책인 죽간을 그렸어요. 옛날에는 종이가 없어서 대신 대나무 조각에 세로로 글을 써서 기록했대요. 옛날 책을 보면 글씨가 세로로 쓰여 있고, 책장을 지금과 반대인 오른쪽으로 넘기게 되어 있지요? 죽간을 만들던 풍습이 종이가 발명된 뒤에도 계속되었기 때문이에요. '책을 떠난 식자*란 있을 수 없다.'라는 속담이 있어요. 삶의 지식과 지혜를 넓히는 데 책만한 것이 없다는 뜻이죠. 지금 바로 책을 잡으세요. 책이 여러분의 삶을 변하게 할 거예요.

⊙ '冊(책 책)'이 들어간 고사성어

**책상퇴물(冊床退物)**: 책상 앞에 앉아 글공부만 하여 세상일을 잘 모르는 사람을 낮잡아 이르는 말.

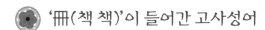

* **식자** 학식, 견식, 상식이 있는 사람

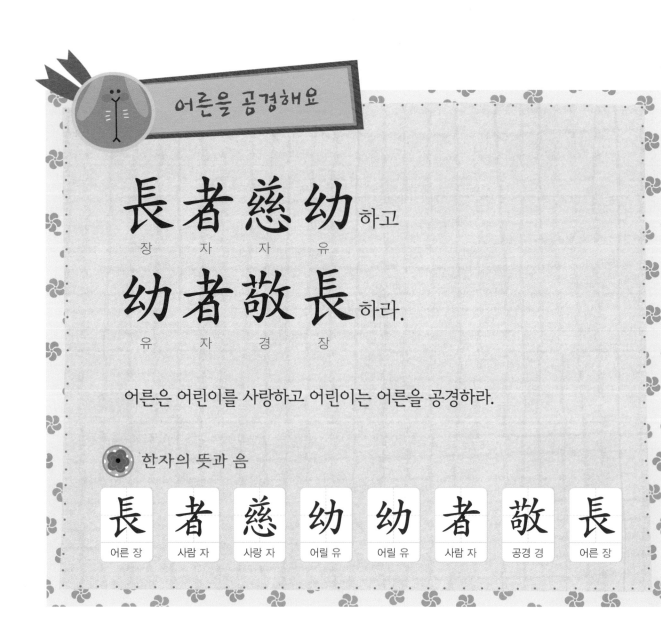

長者慈幼하고
장 자 자 유

幼者敬長하라.
유 자 경 장

어른은 어린이를 사랑하고 어린이는 어른을 공경하라.

한자의 뜻과 음

| 長 | 者 | 慈 | 幼 | 幼 | 者 | 敬 | 長 |
|---|---|---|---|---|---|---|---|
| 어른 장 | 사람 자 | 사랑 자 | 어릴 유 | 어릴 유 | 사람 자 | 공경 경 | 어른 장 |

후배가 선배 대접을 해 주지 않고 인사도 잘 안 한다면 어떤 기분이 들까요? 또 선배가 다른 후배들은 잘 대해 주면서 유독 나만 싫어한다면 어떤 기분이 들까요? 아마 두 경우 모두 무척 기분이 상할 거예요. 당연히 후배는 선배를 깍듯이 대하고 선배는 후배를 잘 보살펴 줘야 한다고 알고 있는데, 그렇지 않으니 화가 날 수밖에요.

그런데 화를 내기 전에 먼저 생각해야 할 것이 있어요. 과연 내가 후배에게 대접받을 만큼 선배 노릇을 했는지, 선배에게 사랑받을 만큼 후배 노릇을 했는지를 말이에요. 만약 그렇지 않았다면 지금부터라도 선배를 공경하고 후배를 사랑해 주세요. 그러면 여러분도 똑같은 대접을 받을 거예요.

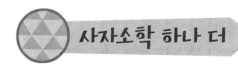
# 長者之前에는 進退必恭하라.
장 자 지 전　　진 퇴 필 공

어른의 앞에서는 나아가고 물러가기를 반드시 공손히 하라.

| 長 | 者 | 之 | 前 | 進 | 退 | 必 | 恭 |
|---|---|---|---|---|---|---|---|
| 어른 장 | 사람 자 | 어조사 지 | 앞 전 | 나아갈 진 | 물러날 퇴 | 반드시 필 | 공손할 공 |

 한자 깊이 알기

## 長者慈幼하고 幼者敬長하라.

옛 글자　→　현재 글자

'長(어른 장, 길 장)'은 머리카락이 긴 모습을 그렸어요. 머리 긴 노인이 지팡이를 짚고 있는 모습이기도 해요. 옛날에는 나이가 지긋한 어르신이 마을의 우두머리 역할을 했어요. 그래서 '長'에는 '길다' 외에 '어른'·'우두머리'라는 뜻도 있지요. 참고로 '장점(長點)'에서 '長'은 '낫다'라는 의미로 쓰였어요. 바람직하지 않은 일을 더 심해지도록 부추긴다는 뜻의 '조장(助長)'에서는 '자라다'라는 의미로 쓰였답니다. 그럼 문제 하나 낼게요. '會長(회장)'에서는 어떤 의미로 쓰였을까요? 모두 쉽게 맞혔죠? 바로 '우두머리'라는 뜻으로 쓰였어요.

 '長(어른 장, 길 장)'이 들어간 고사성어

**장사진(長蛇陣)**: 많은 사람이 줄을 지어 길게 늘어선 모양.

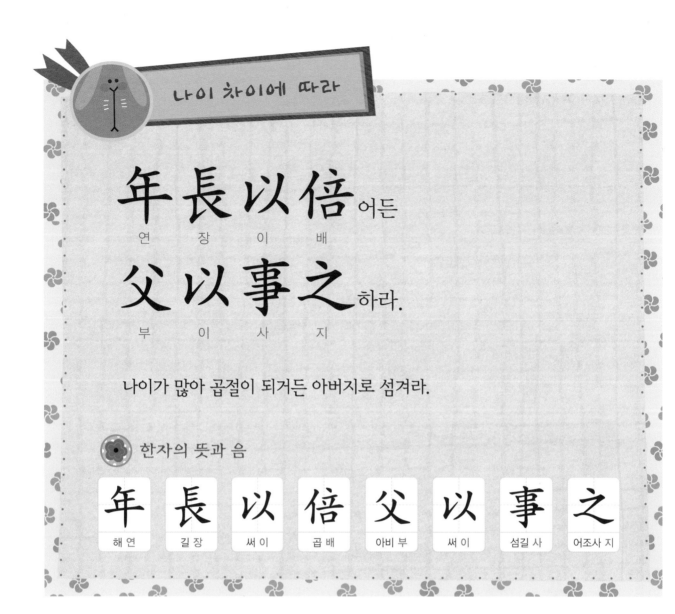

**나이 차이에 따라**

年長以倍어든
연 장 이 배

父以事之하라.
부 이 사 지

나이가 많아 곱절이 되거든 아버지로 섬겨라.

한자의 뜻과 음

| 年 | 長 | 以 | 倍 | 父 | 以 | 事 | 之 |
|---|---|---|---|---|---|---|---|
| 해 연 | 길 장 | 써 이 | 곱 배 | 아비 부 | 써 이 | 섬길 사 | 어조사 지 |

　　옛사람들은 손윗사람을 어떻게 대할지 나이 차이로 어느 정도 구분했어요. 예를 들어 볼게요. 5살 정도 차이는 친한 형처럼 대해도 실례가 되지 않아요. "형! 내가 열어 줄게."라고 말하면 되지요. 하지만 10살 정도 차이 나는 형에게는 "형! 제가 열어 드릴게요."라고 말해야 해요. 나이 차이가 10살을 훌쩍 넘어 내 나이에 곱절이 되면 아버지처럼 깍듯이 대해야 한답니다.

　　이러한 방식이 현재까지 어느 정도 쓰이고 있어요. 여러분이 만약 10살 차이 나는 형에게 "형, 이리 와 봐."라고 하면 아무리 친하더라도 실례가 된다는 이야기죠.

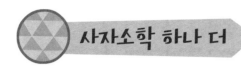 

十年以長이어든 兄以事之하라.
십 년 이 장    형 이 사 지

나이가 열 살이 더 많으면 형으로 섬겨라.

| 十 | 年 | 以 | 長 | 兄 | 以 | 事 | 之 |
|---|---|---|---|---|---|---|---|
| 열 십 | 해 년 | 써 이 | 길 장 | 형 형 | 써 이 | 섬길 사 | 어조사 지 |

## ★ 한자 깊이 알기

年長以倍어든 父以事之하라.

옛 글자 → 현재 글자
年

'年(해 년)'은 사람 위에 벼를 그렸어요. 사람이 벼를 옮기는 모습을 나타낸 것이죠. 처음에는 '수확'을 뜻하다가, 벼 수확이 대부분 일 년에 한 번 있는 일이어서 '해'를 뜻하게 되었다고 해요.

새해가 되면 계획을 세우죠? 사람들은 일 년 단위로 계획 세우는 것을 좋아해요. 그 이유는 무엇일까요? 아마 무언가를 이루는 데 충분한 시간이기 때문일 거예요. 여러분은 올해 어떤 계획을 세웠나요? 잘 실천하고 있나요? 잊지 마세요. 무엇을 이루기 위해서는 반드시 노력해야 한다는 것을요.

 '年(해 년)'이 들어간 고사성어

백년하청(百年河淸): 중국의 황허강이 늘 흐려 맑을 때가 없다는 뜻으로, 아무리 오랜 시간이 지나도 어떤 일이 이루어지기 어려움.

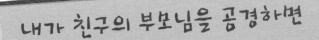

# 我敬人親이면
아 경 인 친

# 人敬我親하니라.
인 경 아 친

내가 남의 어버이를 공경하면 남이 내 어버이를 공경하느니라.

### 🏵 한자의 뜻과 음

| 我 | 敬 | 人 | 親 | 人 | 敬 | 我 | 親 |
|---|---|---|---|---|---|---|---|
| 나 아 | 공경 경 | 사람 인 | 어버이 친 | 사람 인 | 공경 경 | 나 아 | 어버이 친 |

'가는 말이 고와야 오는 말이 곱다.'라는 속담이 있어요. 내가 남에게 말이나 행동을 좋게 해야 남도 나에게 좋게 하는 법이지요. 나는 남에게 못하면서 남이 나에게 잘하길 바라면 욕심꾸러기와 다름없어요.

여러분의 부모님이 친구에게 공경받기를 원하나요?
먼저 친구의 부모님을 깍듯이 공경하세요.
그러면 친구도 여러분의 부모님을 공경
할 거예요. 무엇을 얻기 위해서는
먼저 주는 법을 알아야 해요. 내
가 먼저 줘야 받을 수 있다는 것
을 꼭 명심하세요.

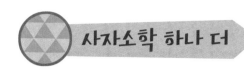 

# 我敬人兄이면 人敬我兄하니라.

아 경 인 형　　인 경 아 형

내가 남의 형을 공경하면 남이 내 형을 공경하느니라.

| 我 | 敬 | 人 | 兄 | 人 | 敬 | 我 | 兄 |
|---|---|---|---|---|---|---|---|
| 나 아 | 공경 경 | 사람 인 | 형 형 | 사람 인 | 공경 경 | 나 아 | 형 형 |

 한자 깊이 알기

## 我敬人親이면 人敬我親하니라.

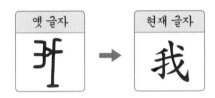

'我(나 아)'는 톱니 모양 날이 있는 무기를 그렸어요. 농사지을 때 쓰는 농기구를 그린 것이라는 주장도 있지요. 하지만 지금은 그 뜻이 사라지고, '나'를 가리키는 1인칭 대명사로 쓰이고 있어요.

'我(나 아)'와 '執(잡을 집)'이 합쳐진 '아집(我執)'이라는 말을 들어 본 적 있나요? 자기의 좁은 생각에 집착해 다른 사람의 의견이나 입장을 헤아리지 않고 자기만을 내세우는 것을 말하지요. 여러분은 아집에 사로잡히지 말고 다른 사람을 생각할 줄 아는 사람이 되었으면 해요.

### 💮 '我(나 아)'가 들어간 고사성어

아전인수(我田引水): 자기 논에 물 대기라는 뜻으로, 자기에게만 이롭게 되도록 생각하거나 행동함.

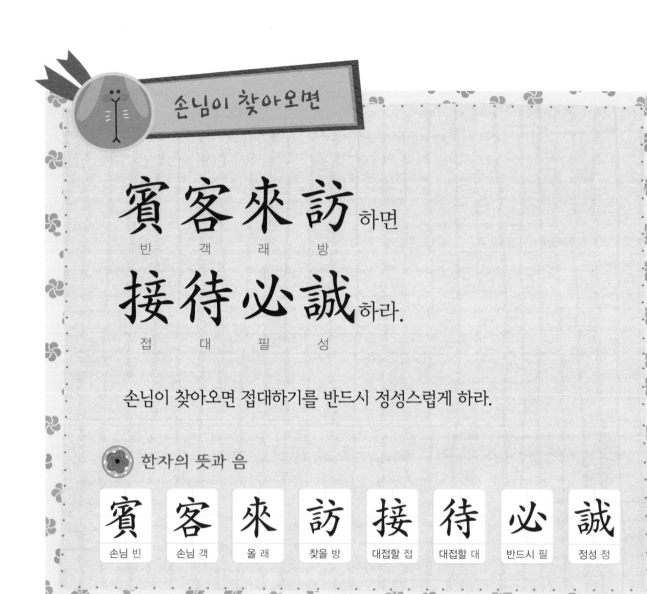

# 賓客來訪하면
빈 객 래 방
# 接待必誠하라.
접 대 필 성

손님이 찾아오면 접대하기를 반드시 정성스럽게 하라.

## 한자의 뜻과 음

| 賓 | 客 | 來 | 訪 | 接 | 待 | 必 | 誠 |
|---|---|---|---|---|---|---|---|
| 손님 빈 | 손님 객 | 올 래 | 찾을 방 | 대접할 접 | 대접할 대 | 반드시 필 | 정성 정 |

손님을 맞이할 때는 준비할 일이 몇 가지 있어요. 먼저 집안 청소를 해야 해요. 지저분한 집에 손님을 초대하는 것은 실례니까요. 또 차나 음식도 준비해야 해요. 그냥 대화하는 것보다 차나 음식을 함께 먹으며 이야기하는 것이 분위기를 한결 더 부드럽게 해 주니까요. 무엇보다 중요한 것은 손님이 편안하게 있다 갈 수 있도록 배려하는 마음이에요. 만약 주인이 귀찮아하는 것을 느껴 손님이 불편했다면, 깨끗한 집과 좋은 음식이 다 무슨 소용이 있겠어요?

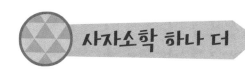
賓客不來면 門戶寂寞하니라.
빈 객 불 래 문 호 적 막

손님이 오지 않으면 집이 적막해지느니라.

| 賓 | 客 | 不 | 來 | 門 | 户 | 寂 | 寞 |
|---|---|---|---|---|---|---|---|
| 손님 빈 | 손님 객 | 아닐 불 | 올 래 | 문 문 | 집 호 | 고요할 적 | 고요할 막 |

 한자 깊이 알기

賓客不來면 門戶寂寞하니라.

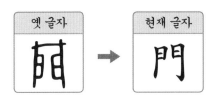

'門(문 문)'은 두 쪽으로 된 문의 모양을 본떴어요. '門'은 큰 건축물의 출입구예요. 작은 집이나 방의 문은 한 쪽만 달려 있잖아요? '戶(집 호)'에는 '문'이란 뜻도 있는데 바로 여기에 해당되지요.

보이지 않는 문도 있어요. 바로 마음의 문이지요. 이 문은 누군가를 만나면 열리기도 하고 닫히기도 해요. 여러분은 다른 사람이 마음을 열게 하는 사람인가요? 아니면 마음을 닫게 하는 사람인가요?

 '門(문 문)'이 들어간 고사성어

문전성시(門前成市): 찾아오는 사람이 많아 집 문 앞이 시장을 이루다시피 함을 이르는 말.

# 人之在世에
인 지 재 세

# 不可無友니라.
불 가 무 우

사람이 세상에 있으면서 친구가 없을 수 없느니라.

### 한자의 뜻과 음

| 人 | 之 | 在 | 世 | 不 | 可 | 無 | 友 |
|---|---|---|---|---|---|---|---|
| 사람 인 | 어조사 지 | 있을 재 | 세상 세 | 아닐 불 | 옳을 가 | 없을 무 | 벗 우 |

친구가 없는 사람은 없어요. 여러분의 주변에도 많은 친구들이 있을 거예요. 여러분은 많은 친구들 중에 주로 누구와 무슨 얘기를 하나요? 또 어떤 행동을 함께 하나요? '그 사람이 어떤 사람인지를 알고 싶으면 그 친구를 보라.'라는 옛말이 있어요. 친하게 어울리는 친구들을 보면 여러분이 어떤 사람인지를 알 수 있다는 뜻이지요. 공부하는 친구들과 함께하면 여러분도 공부를 주로 할 테고, 게임하는 친구들과 어울린다면 여러분도 게임을 주로 할 테니까요. 누가 옆에 있느냐에 따라 자신이 변하기 마련이거든요. 여러분의 친구들은 어떤 모습인가요?

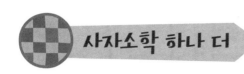

# 以文會友하고 以友輔仁하라.
이 문 회 우       이 우 보 인

글로써 벗을 모으고 벗으로써 어짊을 도와라.

| 以 | 文 | 會 | 友 | 以 | 友 | 輔 | 仁 |
|---|---|---|---|---|---|---|---|
| 써 이 | 글월 문 | 모일 회 | 벗 우 | 써 이 | 벗 우 | 도울 보 | 어질 인 |

 한자 깊이 알기

# 人之在世에 不可無友니라.

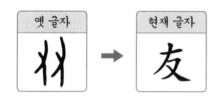

'友(벗 우)'는 '又(또 우)' 자 두 개를 합쳤어요. '又'는 손을 뜻하기도 하는데, 손 옆에 도움 주는 손을 하나 더 그린 거지요. '친구'라는 의미는 여기에서 비롯되었어요.

친구를 뜻하는 한자에는 '朋(벗 붕)'도 있어요. 흔히 '朋'은 같은 스승에게 배운 친구를 뜻하고, '友'는 뜻을 같이하는 친구를 뜻한다고 해요. 수많은 '朋' 가운데서 진정한 '友'를 찾기란 쉬운 일은 아니에요. 친구가 없다고요? 여러분이 먼저 다가가 친구가 되어 주세요.

### '友(벗 우)'가 들어간 고사성어

막역지우(莫逆之友): 서로 거스름이 없는 친구라는 뜻으로, 허물이 없이 아주 친한 친구.

友其正人이면
우 기 정 인

我亦自正이니라.
아 역 자 정

바른 사람을 벗하면 나 또한 <u>스스로</u> 바르게 되느니라.

● 한자의 뜻과 음

| 友 | 其 | 正 | 人 | 我 | 亦 | 自 | 正 |
|---|---|---|---|---|---|---|---|
| 벗 우 | 그 기 | 바를 정 | 사람 인 | 나 아 | 또 역 | 스스로 자 | 바를 정 |

사귀어서 나에게 도움이 되는 세 가지의 벗을 '삼익우(三益友)'라고 해요. 어떤 벗인지 알아볼까요? 첫 번째는 마음이 곧은 사람이에요. 옛사람들은 옳은 것을 옳다 하고 그른 것을 그르다 하는 것을 '直(곧을 직)'으로 표현했어요. 이런 곧은 친구가 옆에 있다면 나를 바른길로 이끌어 줄 거예요. 두 번째는 성실한 벗이에요. 친구가 성실하게 사는 모습을 보면 나도 성실한 사람이 되려고 노력하겠죠? 세 번째는 보고 들은 것이 많아 지식이 높은 벗이에요. 이런 친구가 곁에 있다면 나도 지혜로워질 거예요. 왜냐하면 친한 친구끼리는 서로 닮아 가니까요. 여러분도 삼익우를 사귀어 보세요. 스스로 삼익우가 되는 것도 좋겠지요?

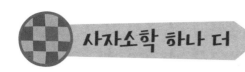 

# 從遊邪人이면 我亦自邪니라.
종 유 사 인 아 역 자 사

간사한 사람을 따라서 놀면 나 또한 스스로 간사해지느니라.

| 從 | 遊 | 邪 | 人 | 我 | 亦 | 自 | 邪 |
|---|---|---|---|---|---|---|---|
| 따를 종 | 놀 유 | 간사할 사 | 사람 인 | 나 아 | 또 역 | 스스로 자 | 간사할 사 |

 한자 깊이 알기

# 從遊邪人이면 我亦自邪니라.

| 옛 글자 | | 현재 글자 |
|---|---|---|
|  | → | 從 |

'從(따를 종)'의 옛 글자는 두 사람이 나란히 서 있는 모양을 그렸어요. '從'의 오른쪽 윗부분에 '人(사람 인)' 자가 두 개 있어요. 이를 뺀 나머지 부분은 '이동하다'라는 뜻을 나타내지요. 풀이하면 한 사람이 앞에 가고 다른 한 사람이 따라서 이동한다는 의미가 되겠죠? 옛날에는 '人' 자 두 개를 합친 '从(좇을 종)'이 '從'과 같은 뜻으로 서로 쓰였어요.

여러분에겐 따를 사람이 있나요? 만약 있다면 그 사람은 꼭 존경할 만한 사람이어야 해요. 왜냐하면 따른다는 것은 그 사람이 가는 대로 같이 간다는 것이니까요.

 '從(따를 종)'이 들어간 고사성어

유유상종(類類相從): 같은 무리끼리 서로 사귐.

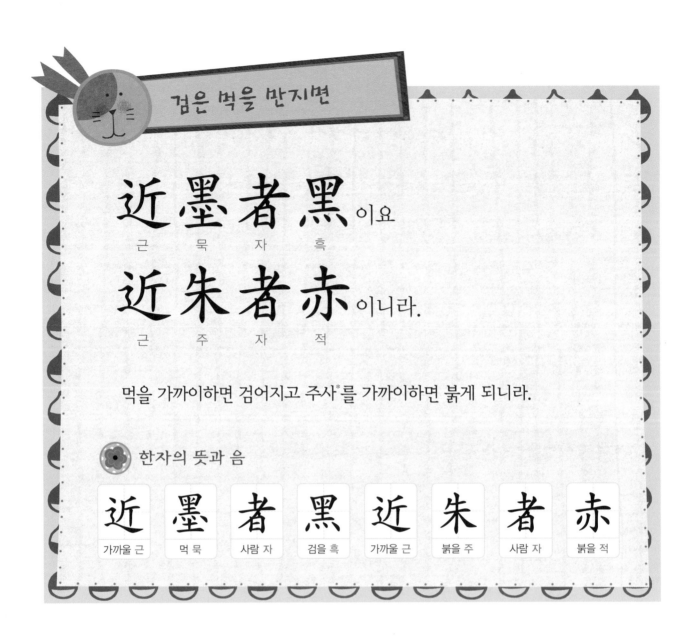

## 검은 먹을 만지면

# 近墨者黑이요
근 묵 자 흑

# 近朱者赤이니라.
근 주 자 적

먹을 가까이하면 검어지고 주사*를 가까이하면 붉게 되니라.

### 한자의 뜻과 음

| 近 | 墨 | 者 | 黑 | 近 | 朱 | 者 | 赤 |
|---|---|---|---|---|---|---|---|
| 가까울 근 | 먹 묵 | 사람 자 | 검을 흑 | 가까울 근 | 붉을 주 | 사람 자 | 붉을 적 |

사귀면 나에게 도움이 되지 않는 세 가지의 벗을 '삼손우 (三損友)'라고 해요. 첫 번째는 남의 비위를 맞추어 아첨 하는 벗이에요. 이런 친구는 내가 잘못을 하더라도 관심 이 없을뿐더러 바르게 이끌어 주지도 못해요. 두 번째 는 착하기만 하고 줏대가 없는 벗이에요. 세 번째는 성실하지 못하고 말만 잘하는 벗이에요. 이 세 벗 모 두 겉보기에는 그럴싸해 보이지만, 사실 그 속은 비어 있고 배울 점이 없지요. 주변에 이런 삼손우만 있어서 는 안 되겠지요?

* **주사** 광물의 하나로, 붉은빛을 띰

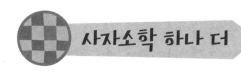
# 居必擇隣하고 就必有德하라.
거 필 택 린    취 필 유 덕

살 때엔 반드시 이웃을 가리고 나아갈 때엔 반드시 덕 있는 사람에게 가라.

| 居 | 必 | 擇 | 隣 | 就 | 必 | 有 | 德 |
|---|---|---|---|---|---|---|---|
| 살 거 | 반드시 필 | 가릴 택 | 이웃 린 | 나아갈 취 | 반드시 필 | 있을 유 | 덕 덕 |

## 한자 깊이 알기

### 近墨者黑이요 近朱者赤이니라.

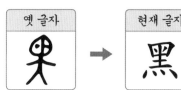

옛 글자 果 → 현재 글자 黑

'黑(검을 흑)'은 사람을 정면에서 바라본 모습을 그렸어요. 얼굴이 되는 윗부분에 점이 찍혀 있는 것은 문신을 표현한 거예요. 옛날에 '묵형(墨刑)'이라는 벌이 있었어요. 죄인의 얼굴에 문신을 새겨 넣는 벌이지요. 문신을 새겨 넣으면 당연히 검어지겠지요? 그래서 '검다'라는 뜻이 되었어요. 『설문해자』는 '黑은 불에 그을린 색을 뜻한다. 불길이 위로 올라가서 창문으로 나간다는 뜻이다.'라고 풀이하고 있어 다소 차이가 있어요.

 '黑(검을 흑)'이 들어간 고사성어

흑백논리(黑白論理): 모든 문제를 흑과 백, 선과 악, 득과 실의 양 극단으로만 구분하고 중립적인 것을 인정하지 아니하려는 한쪽으로 치우친 사고방식이나 논리.

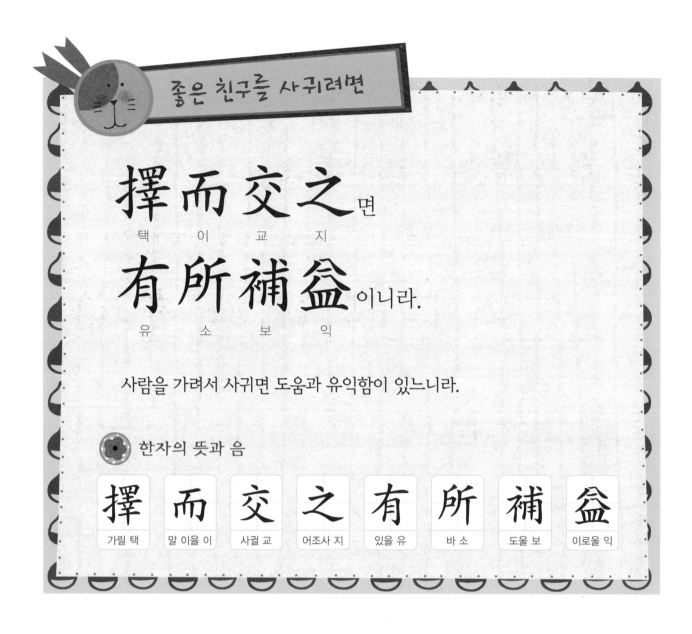

擇而交之면
택 이 교 지

有所補益이니라.
유 소 보 익

사람을 가려서 사귀면 도움과 유익함이 있느니라.

한자의 뜻과 음

| 擇 | 而 | 交 | 之 | 有 | 所 | 補 | 益 |
|---|---|---|---|---|---|---|---|
| 가릴 택 | 말 이을 이 | 사귈 교 | 어조사 지 | 있을 유 | 바 소 | 도울 보 | 이로울 익 |

어른들은 친구를 가려 사귀라고 말해요. 나쁜 친구를 사귀면 나쁘게 물든다고 말이에요. 그런데 누가 나와 제일 친하고 왜 친한지는 관심이 없으세요. 가끔 그 친구가 반에서 몇 등 하는지만 묻고 다른 것은 묻지 않아요.

누구나 한 번쯤 이런 경험이 있을 거예요. 어른들은 잘 몰라요. 여러분과 친구들이 생활하는 곳에 함께 있지 않으니까요. 결국 스스로 좋은 친구를 선택해서 사귀어야 하고, 나쁜 행동 하는 친구를 멀리해야 해요. 왜냐하면 함께 생활하는 내가 친구들의 성품을 가장 잘 알고 있기 때문이에요.

# 不擇而交면 反有害矣니라.
불 택 이 교 반 유 해 의

사람을 가리지 않고 사귀면 도리어 해가 있느니라.

| 不 | 擇 | 而 | 交 | 反 | 有 | 害 | 矣 |
|---|---|---|---|---|---|---|---|
| 아닐 불 | 가릴 택 | 말 이을 이 | 사귈 교 | 도리어 반 | 있을 유 | 해할 해 | 어조사 의 |

## 한자 깊이 알기

## 擇而交之면 有所補益이니라.

옛 글자 夊 → 현재 글자 交

'交(사귈 교)'는 다리를 꼬아 맞닿게 한 사람의 모습을 그렸어요. 마음이 서로 만나는 것이 사귀는 일이니, 그 뜻이 어떻게 확장되었는지 알겠죠? 이 밖에도 '交'에는 '오고 가다'·'엇갈리다'·'섞이다'·'교제'·'우정'·'친구' 등의 다양한 뜻이 있어요.

여러분은 계속해서 누군가와 사귀고 언젠가 헤어질 거예요. 만나고 헤어질 때 쉽게 결정하지 말고, 충분히 생각한 뒤 최선의 선택을 해야 해요. 그래야 나중에 후회가 덜하거든요.

 '交(사귈 교)'가 들어간 고사성어

관포지교(管鮑之交): 관중과 포숙의 사귐이란 뜻으로, 우정이 아주 두터운 친구 관계.

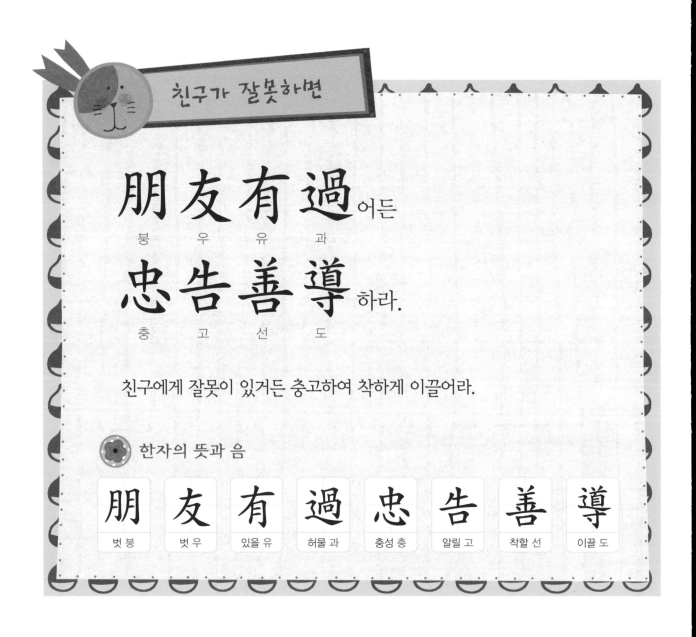

朋友有過어든

붕 우 유 과

忠告善導하라.

충 고 선 도

친구에게 잘못이 있거든 충고하여 착하게 이끌어라.

한자의 뜻과 음

| 朋 | 友 | 有 | 過 | 忠 | 告 | 善 | 導 |
|---|---|---|---|---|---|---|---|
| 벗 붕 | 벗 우 | 있을 유 | 허물 과 | 충성 충 | 알릴 고 | 착할 선 | 이끌 도 |

유명한 연예인은 코디네이터가 따라다녀요. 화장이나 옷뿐만 아니라 신발에서 장신구 하나까지 이미지에 맞게 꾸며 주지요. 물론 연예인 스스로도 꾸미겠지만 아무래도 전문가의 눈으로 외모를 살펴볼 필요가 있으니까요.

우리에게는 잘못을 짚어 주고 바르게 이끌어 줄 코디네이터와 같은 친구가 필요해요. 대부분의 사람들은 남에게는 엄한 기준을, 자신에게는 너그러운 기준을 들이대거든요. 그러니 쓴소리로 충고해 주는 친구가 당연히 필요할 수밖에요. 어때요, 여러분 곁에는 쓴소리를 아끼지 않는 친구가 있나요?

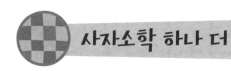 

人無責友면 易陷不義니라.
인 무 책 우   이 함 불 의

잘못을 꾸짖어 주는 친구가 없으면 의롭지 못한 데 빠지기 쉬우니라.

| 人 | 無 | 責 | 友 | 易 | 陷 | 不 | 義 |
|---|---|---|---|---|---|---|---|
| 사람 인 | 없을 무 | 꾸짖을 책 | 벗 우 | 쉬울 이 | 빠질 함 | 아닐 불 | 의로울 의 |

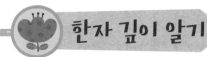 한자 깊이 알기

人無責友면 易陷不義니라.

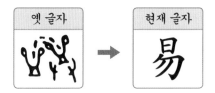

'易(쉬울 이, 바꿀 역)'은 두 손으로 잔을 들어 다른 잔에 물을 따르는 모습이에요. 물을 다른 잔에 바꾸어 담는 모습을 그려, '바꾸다'라는 뜻을 표현했지요.

'易'은 두 가지 뜻과 음을 가지고 있어요. 모두 자주 쓰여 시험 문제에 단골로 나오곤 하지요. 그 예를 살펴볼까요? 나라와 나라 사이에 서로 물건을 교환하는 일인 '무역(貿易)'에서는 '바꿀 역'으로 쓰였고, 매우 쉽다는 뜻의 '용이(容易)'에서는 '쉬울 이'로 쓰였어요.

◉ '易(쉬울 이, 바꿀 역)'이 들어간 고사성어

**역지사지(易地思之)**: 처지를 바꾸어서 생각하여 봄.

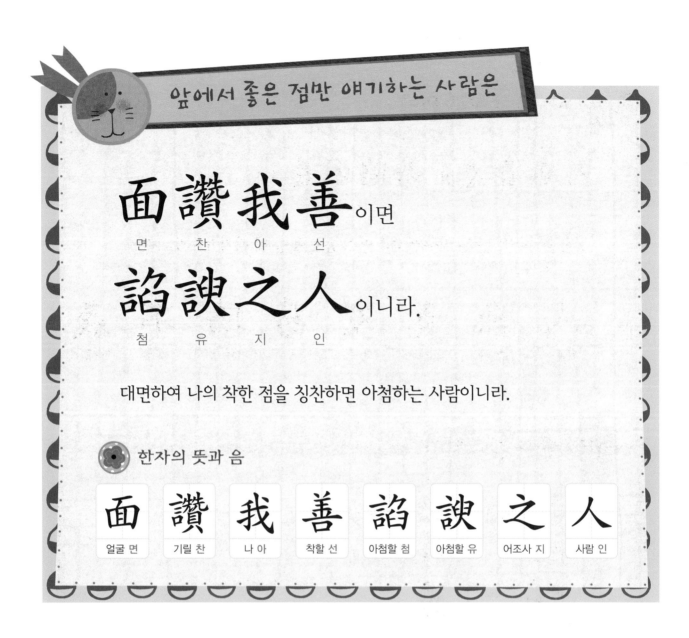

# 面讚我善이면
## 면  찬  아  선
# 詔諛之人이니라.
## 첨  유  지  인

대면하여 나의 착한 점을 칭찬하면 아첨하는 사람이니라.

### 🌼 한자의 뜻과 음

| 面 | 讚 | 我 | 善 | 詔 | 諛 | 之 | 人 |
|---|---|---|---|---|---|---|---|
| 얼굴 면 | 기릴 찬 | 나 아 | 착할 선 | 아첨할 첨 | 아첨할 유 | 어조사 지 | 사람 인 |

친구에게 칭찬만 들으려는 사람은 욕먹을 행동을 많이 한 사람이라고 해요. 왜냐하면 평소에 나쁜 일을 많이 해서 가뜩이나 불안한데, 누군가 자기 잘못을 꾸짖으면 방어 본능이 작동한다는 거지요.

친구의 따끔한 충고를 듣고 행동을 고치려는 사람은 어떤 사람일까요? 아마 평소에 옳지 않은 행동보다 좋은 일을 많이 한 사람일 거예요. 그러니 한두 가지 자신의 허물을 꾸짖는다고 성내지 않고, 고마운 마음으로 고치려는 거지요. 여러분은 어떤 사람인가요?

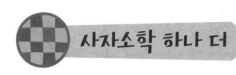

# 面責我過면 剛直之人이니라.
면 책 아 과 강 직 지 인

대면하여 나의 잘못을 꾸짖으면 굳세고 정직한 사람이니라.

| 面 | 責 | 我 | 過 | 剛 | 直 | 之 | 人 |
|---|---|---|---|---|---|---|---|
| 얼굴 면 | 꾸짖을 책 | 나 아 | 허물 과 | 굳셀 강 | 곧을 직 | 어조사 지 | 사람 인 |

## 한자 깊이 알기

# 面讚我善이면 諂諛之人이니라.

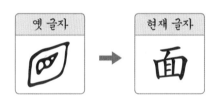

옛 글자 → 현재 글자

'面(얼굴 면)'은 네모 안에 눈을 그려 나타냈어요. 그런데 왜 하필이면 눈을 그렸을까요? 그건 아마 눈의 생김새에 따라 인상이 크게 변하기 때문일 거예요.

사람들은 예쁜 외모에 관심이 많아요. 그런데 예쁘지만 다음에 보고 싶지 않은 얼굴이 있고, 안 예뻐도 계속 생각나 보고 싶은 얼굴이 있어요. 그 사람의 됨됨이가 인상에 드러나기 때문이지요. 여러분의 얼굴도 생김새와 상관없이 모두가 계속 보고 싶어 하는 얼굴이었으면 좋겠어요.

 '面(얼굴 면)'이 들어간 고사성어

면종복배(面從腹背): 앞에서는 복종하지만 속마음으로는 배신을 꾀함.

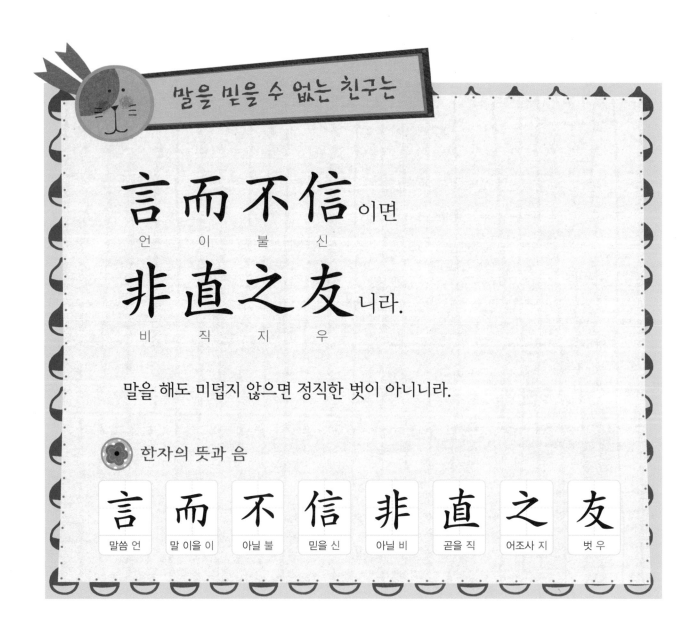

言而不信이면
언 이 불 신

非直之友니라.
비 직 지 우

말을 해도 미덥지 않으면 정직한 벗이 아니니라.

한자의 뜻과 음

| 言 | 而 | 不 | 信 | 非 | 直 | 之 | 友 |
|---|---|---|---|---|---|---|---|
| 말씀 언 | 말 이을 이 | 아닐 불 | 믿을 신 | 아닐 비 | 곧을 직 | 어조사 지 | 벗 우 |

친구가 돈을 꾸어 달라고 해요. 내일 꼭 갚는다고 하는데 믿음이 안 가요. 결국 망설이다 꿔 줬어요. 그런데 그 친구는 다음 날 돈을 갚지 않아요. 갚으라는 말에 도리어 화를 내며 여러분을 속 좁은 사람으로 몰아요. 설마 하는 마음으로 빌려 줬는데, 역시라는 생각이 들어요.

말은 약속과 다름없어요. 친구의 말을 믿지 못하면 그 친구와의 약속도 믿지 못해요. 아마 돈을 빌려 간 친구는 평소에도 약속을 어긴 적이 많았을 거예요. 그래서 친구를 믿지 않았던 거고요. 여러분도 기억하세요. 말은 약속이고, 약속은 꼭 지켜야 한다는 것을요.

**사자소학 하나 더**

# 見善從之하고 知過必改하라.

견 선 종 지      지 과 필 개

착한 것을 보면 따르고 잘못을 알면 반드시 고쳐라.

| 見 | 善 | 從 | 之 | 知 | 過 | 必 | 改 |
|---|---|---|---|---|---|---|---|
| 볼 견 | 착할 선 | 따를 종 | 어조사 지 | 알 지 | 허물 과 | 반드시 필 | 고칠 개 |

 **한자 깊이 알기**

## 言而不信이면 非直之友니라.

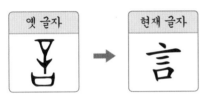

| 옛 글자 | | 현재 글자 |
|---|---|---|
| 𠱥 | → | 言 |

'言(말씀 언)'은 입으로 피리 따위의 악기를 부는 모양을 그렸어요. 옛날 산간 지역에서는 악기를 불어 의사소통을 했다고 해요. '말하다'라는 뜻을 나타내기 위해 입과 피리를 합친 데에는 이러한 바탕이 있지요. 또 죄인을 벌주던 칼의 모양인 '辛(매울 신)'과 '口(입 구)'를 합쳐, 죄인이 자기에게 죄가 없음을 말하는 거라는 주장도 있어요. 결국 둘 다 입을 통해 의사 표현을 한다는 뜻이지만 어떠한 것이 맞는지 밝히기는 어려워요.

참고로 『설문해자』에서는 '바로 말하는 것을 言이라 하고, 논의하는 것을 語라고 한다.'라고 해, '言(말씀 언)'과 '語(말씀 어)'를 구별하고 있어요.

 **'言(말씀 언)'이 들어간 고사성어**

감언이설(甘言利說): 귀가 솔깃하도록 남의 비위를 맞추거나 이로운 조건을 내세워 꾀는 말.

### 칭찬을 좋아하면

# 悅人讚者는
열 인 찬 자

# 百事皆僞니라.
백 사 개 위

남의 칭찬을 좋아하는 사람은 온갖 일이 모두 거짓이니라.

#### 한자의 뜻과 음

| 悅 | 人 | 讚 | 者 | 百 | 事 | 皆 | 僞 |
|---|---|---|---|---|---|---|---|
| 기쁠 열 | 사람 인 | 기릴 찬 | 사람 자 | 일백 백 | 일 사 | 다 개 | 거짓 위 |

칭찬이나 꾸지람을 듣는 것은 누구에게나 있는 일이에요. 한 번의 칭찬과 한 번의 꾸지람에 집착하거나 미련을 가져서는 안 돼요. 그보단 왜 칭찬하고 왜 꾸짖는지를 생각해야 하지요. 만약 칭찬받을 일이 아닌데 칭찬을 받았다면 좋아해서는 안 되고, 꾸지람을 들을 일이 아닌데 꾸지람을 들었다면 너무 노여워하지 말아요. 나의 행동이 옳은가 옳지 않은가를 먼저 살피는 것이 무엇보다 중요해요. 칭찬과 꾸지람 같은 결과에 집중하게 되면, 남의 눈치만 살피다 결국 자신의 길을 가지 못하거든요.

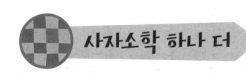
# 厭人責者는 其行無進이니라.

염 인 책 자 기 행 무 진

남의 꾸짖음을 싫어하는 사람은 그 행동에 전진이 없느니라.

| 厭 | 人 | 責 | 者 | 其 | 行 | 無 | 進 |
|---|---|---|---|---|---|---|---|
| 싫어할 염 | 사람 인 | 꾸짖을 책 | 사람 자 | 그 기 | 행할 행 | 없을 무 | 나아갈 진 |

 한자 깊이 알기

厭人責者는 其行無進이니라.

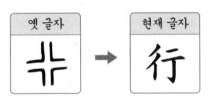

'行(갈 행)'은 네거리를 그렸어요. 군사적·경제적 목적으로 만든 반듯반듯한 도로를 뜻해요. 나중에는 '길을 가다'·'행하다'라는 뜻으로도 쓰이게 되었지요.

언젠가 목적한 곳을 향해 뛰다시피 걷고 있는 저를 보았어요. 그렇게 뛰지 않아도 되는데 말이죠. 고개를 돌려 힐끔거리며, 옆 사람이 뛰니까 따라 뛰는 자신을 발견한 거죠. 이제 나의 걸음걸이로 내가 가고 싶은 곳을 향해 가요. 힘들면 잠깐 쉬기도 하고 말이에요.

◉ '行(갈 행)'이 들어간 고사성어

금의야행(錦衣夜行): ① 비단옷을 입고 밤길을 다닌다는 뜻으로, 자랑삼아 하지 않으면 생색이 나지 않음. ② 아무 보람이 없는 일을 함.

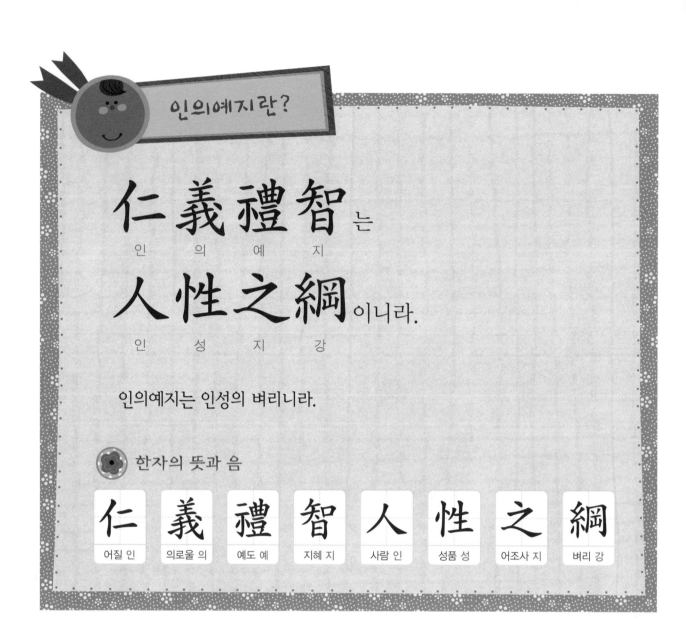

# 仁義禮智는 人性之綱이니라.

인 의 예 지

인 성 지 강

인의예지는 인성의 벼리니라.

## 한자의 뜻과 음

| 仁 | 義 | 禮 | 智 | 人 | 性 | 之 | 綱 |
|---|---|---|---|---|---|---|---|
| 어질 인 | 의로울 의 | 예도 예 | 지혜 지 | 사람 인 | 성품 성 | 어조사 지 | 벼리 강 |

　'벼리'는 그물의 위쪽 코를 꿰어 놓은 줄로, 잡아당겨 그물을 오므렸다 폈다 하는 것이에요. 이 벼리만 잘 잡아당기면 아무리 큰 그물이라도 쉽게 다룰 수 있지요. 사람의 성품도 마찬가지예요. 사람이 마땅히 갖추어야 할 네 가지 성품인 인의예지(仁義禮智)만 잘 닦아도 모든 이에게 존경받는 훌륭한 사람이 될 수 있어요. 곧 어질고, 의롭고, 예의 바르고, 지혜로운 사람 말이에요. 여러분도 인의예지를 갖출 수 있도록 힘쓰세요.

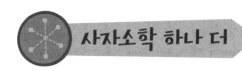 

# 父子有親하며 君臣有義니라.
부 자 유 친    군 신 유 의

부모와 자식 사이에는 친함이 있어야 하며
임금과 신하 사이에는 의리가 있어야 하느니라.

| 父 | 子 | 有 | 親 | 君 | 臣 | 有 | 義 |
|---|---|---|---|---|---|---|---|
| 아비 부 | 아들 자 | 있을 유 | 친할 친 | 임금 군 | 신하 신 | 있을 유 | 의로울 의 |

 한자 깊이 알기

父子有親하며 君臣有義니라.

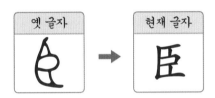

옛 글자 → 현재 글자

'臣(신하 신)'은 눈을 그렸어요. '目(눈 목)'은 눈을 가로로 그려 '보다'라는 뜻을 나타 냈고, '臣'은 눈을 세로로 그려 '신하'를 나타냈지요. 신하가 왕에게 고개를 숙인 모습 을 보면 눈이 아래로 향해 있기 때문이에요. '臣'에는 '신하' 외에 '어떤 것에 종속되 다'·'포로'·'하인'·'백성' 등의 뜻도 있어요. '충신(忠臣)'과 '간신(奸臣)'이란 말을 들 어 봤지요? 충신은 나라와 임금을 위하여 충성을 다하는 신하를 뜻하고, 간신은 간 사한 신하를 뜻해요.

 '臣(신하 신)'이 들어간 고사성어

충신불사이군(忠臣不事二君): 충신은 두 임금을 섬기지 아니함.

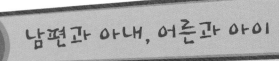
# 夫婦有別하며
### 부 부 유 별

# 長幼有序니라.
### 장 유 유 서

남편과 아내 사이에는 분별이 있어야 하며
어른과 아이 사이에는 차례가 있어야 하느니라.

 한자의 뜻과 음

| 夫 | 婦 | 有 | 別 | 長 | 幼 | 有 | 序 |
|---|---|---|---|---|---|---|---|
| 남편 부 | 아내 부 | 있을 유 | 나눌 별 | 어른 장 | 어릴 유 | 있을 유 | 차례 서 |

옛날에는 남편은 바깥일을 하고 아내는 집안일을 했어요. 각자의 일이 구별되어 있어 서로 간섭하는 것은 법도에 어긋난다고 생각했지요. 하지만 요즘은 달라요. 옛날과 달리, 맞벌이 부부가 많아지면서 집안일을 나누어서 하는 경우가 많아졌어요. 바람직한 일이에요. 부부 모두가 바깥일을 하면 집안일도 함께하는 것이 당연하지요. 이렇게 남편과 아내가 바깥일과 집안일을 모두 함께하니 옛사람과는 생각을 달리할 필요가 있어요.

# 朋友有信이니 是謂五倫이니라.
붕 우 유 신       시 위 오 륜

벗과 벗 사이에는 신의가 있어야 하니 이것을 오륜이라고 하느니라.

| 朋 | 友 | 有 | 信 | 是 | 謂 | 五 | 倫 |
|---|---|---|---|---|---|---|---|
| 벗 붕 | 벗 우 | 있을 유 | 믿을 신 | 이 시 | 이를 위 | 다섯 오 | 인륜 륜 |

## 한자 깊이 알기

### 夫婦有別하며 長幼有序니라.

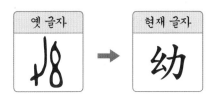

옛 글자 → 현재 글자
幼

'幼(어릴 유)'의 옛 글자를 살펴보면, 쟁기와 가느다란 실을 그렸어요. 어떤 뜻을 담은 걸까요? 밭에서 쟁기질하는 것은 무척 힘든 일이었어요. 그래서 쟁기를 그려 '力(힘 력)'을 표현했지요. 가느다란 실 모양은 '작다'라는 뜻을 나타내요. 이제 두 의미를 합쳐 봐요. 힘이 작다는 뜻이지요? 곧 힘이 약한 것을 의미하죠. '나이가 어리다'와 '어린이'라는 의미는 여기에서 비롯되었어요.

#### '幼(어릴 유)'가 들어간 고사성어

황구유아(黃口幼兒): 젖내 나는 어린아이라는 뜻으로, 철없이 미숙한 사람.

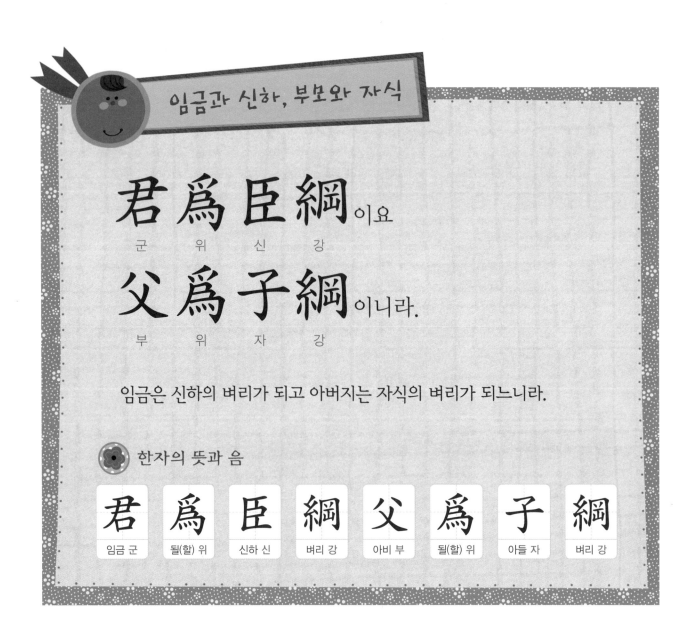

# 君爲臣綱이요
군 위 신 강

# 父爲子綱이니라.
부 위 자 강

임금은 신하의 벼리가 되고 아버지는 자식의 벼리가 되느니라.

## 🌸 한자의 뜻과 음

| 君 | 爲 | 臣 | 綱 | 父 | 爲 | 子 | 綱 |
|---|---|---|---|---|---|---|---|
| 임금 군 | 될(할) 위 | 신하 신 | 벼리 강 | 아비 부 | 될(할) 위 | 아들 자 | 벼리 강 |

유교를 나라의 가르침으로 삼았던 조선은 '삼강(三綱)'과 '오륜(五倫)'을 교육했어요. 삼강오륜을 사람이 마땅히 지녀야 할 덕목이라고 생각했지요. 이 중 삼강은 군위신강(君爲臣綱), 부위자강(父爲子綱), 부위부강(夫爲婦綱)을 나타내며 그 뜻을 해석하면 다음과 같아요.

"임금은 신하가 믿고 따를 행동의 기준을 보여야 하고, 부모는 자식이 의지하고 기댈 울타리가 되어 주어야 하고, 남편은 아내에게 삶의 동반자가 되어 주어야 한다."

오늘날에는 임금이 없으니 '君'을 나보다 지위가 높거나 나이가 많은 윗사람 정도로 생각하면 돼요.

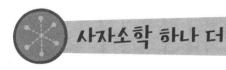
# 夫爲婦綱이니 是謂三綱이니라.
부 위 부 강 시 위 삼 강

남편은 아내의 벼리가 되니 이것을 삼강이라고 하니라.

| 夫 | 爲 | 婦 | 綱 | 是 | 謂 | 三 | 綱 |
|---|---|---|---|---|---|---|---|
| 남편 부 | 될(할) 위 | 아내 부 | 벼리 강 | 이 시 | 이를 위 | 석 삼 | 벼리 강 |

## 한자 깊이 알기

君爲臣綱이요 父爲子綱이니라.

'爲(할 위)'는 손으로 코끼리를 잡고 있는 모습을 그렸어요. 옛날 갑골문을 사용한 은나라의 도읍지는 지금보다 따뜻한 기후여서 코끼리가 살 수 있었대요. 사람들은 다른 동물보다 크고 힘이 센 코끼리를 길들여 일을 시켰어요. 여기에서 '일을 하다'라는 뜻의 '爲'가 유래했어요.

참고로 코끼리의 종류에는 아시아 코끼리와 아프리카 코끼리가 있어요. 아시아 코끼리는 귀가 작고 등이 둥글고, 아프리카 코끼리는 귀가 크고 등이 오목하다고 해요. 몸의 크기는 아프리카 코끼리가 더 커요.

 '爲(할 위)'가 들어간 고사성어

전화위복(轉禍爲福): 재앙이 바뀌어 오히려 복이 됨.

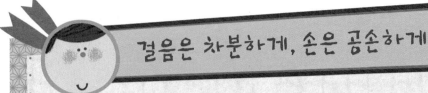

# 걸음은 차분하게, 손은 공손하게

足容必重하며
족 용 필 중

手容必恭하라.
수 용 필 공

발 모양은 반드시 무겁게 하며 손 모양은 반드시 공손하게 하라.

 한자의 뜻과 음

| 足 | 容 | 必 | 重 | 手 | 容 | 必 | 恭 |
|---|---|---|---|---|---|---|---|
| 발 족 | 모양 용 | 반드시 필 | 무거울 중 | 손 수 | 모양 용 | 반드시 필 | 공손할 공 |

윗사람 앞에서 호주머니에 손을 집어넣은 채 말하면 버릇없다는 소리를 들어요. 왜 그럴까요? 사람들은 말뿐만 아니라 겉으로 드러난 태도 또한 예의범절에 포함된다고 생각하거든요. 발 모양을 무겁게 하라는 말은 조심성 없이 걷지 말라는 뜻이고, 손 모양을 공손하게 하라는 말은 손을 어지럽게 움직이지 말라는 뜻이에요. 보는 사람이 얼마나 정신 사납겠어요?

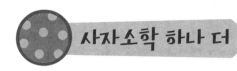

目容必端하며 口容必止하라.
목 용 필 단     구 용 필 지

눈 모양은 반드시 바르게 하며 입 모양은 반드시 신중하게 하라.

| 目 | 容 | 必 | 端 | 口 | 容 | 必 | 止 |
|---|---|---|---|---|---|---|---|
| 눈 목 | 모양 용 | 반드시 필 | 바를 단 | 입 구 | 모양 용 | 반드시 필 | 그칠 지 |

### 한자 깊이 알기

足容必重하며 手容必恭하라.

옛 글자 → 현재 글자

'手(손 수)'는 손의 모양을 그렸어요. 손을 쫙 편 모습을 위에서 내려다본다고 생각해 보세요. 가운데 중지를 중심으로 양쪽에 두 개씩, 모두 다섯 손가락이 뻗어 있지요?

참고로 손은 여러 뜻을 가진 단어예요. '손이 미치지 않다.'라고 하면 영향력이나 권한이 미치지 않는다는 뜻이고, '손이 달리다.'라고 하면 어떤 일을 하는 데 힘이 부족하다는 뜻이랍니다.

 '手(손 수)'가 들어간 고사성어

속수무책(束手無策): 손을 묶은 것처럼 어찌할 도리가 없어 꼼짝 못함.

**목소리는 조용하게, 머리는 똑바르게**

# 聲容必靜하며
성 용 필 정

# 頭容必直하라.
두 용 필 직

목소리는 반드시 고요하게 하고 머리는 반드시 곧게 하라.

🌸 한자의 뜻과 음

| 聲 | 容 | 必 | 靜 | 頭 | 容 | 必 | 直 |
|---|---|---|---|---|---|---|---|
| 소리 성 | 모양 용 | 반드시 필 | 고요할 정 | 머리 두 | 모양 용 | 반드시 필 | 곧을 직 |

목소리를 고요하게 하라는 것은 거칠게 말하지 말고 온화하게 말하라는 뜻이에요. 머리 모양을 곧게 하라는 것은 사람을 보거나 서 있을 때 고개를 삐딱하게 하지 말라는 뜻이지요. 숨 쉬는 모양을 엄숙하게 하라는 것은 숨을 거칠게 쉬지 말고 심호흡하듯 점잖게 쉬라는 뜻이에요. 옛 선비들은 덕을 갖춘 사람이 되기 위해 이러한 몸가짐으로 자신을 갈고닦았어요. 이렇게 행동하다 보면 덕 있는 모습이 겉으로 자연스럽게 드러난다고 했지요.

# 氣容必肅 하여 立容必德 하라.
기 용 필 숙 　　 입 용 필 덕

숨 쉬는 모양은 반드시 엄숙하게 하며 서 있는 모양은 반드시 덕스럽게 하라.

| 氣 | 容 | 必 | 肅 | 立 | 容 | 必 | 德 |
|---|---|---|---|---|---|---|---|
| 기운 기 | 모양 용 | 반드시 필 | 엄숙할 숙 | 설 입 | 모양 용 | 반드시 필 | 덕 덕 |

##  한자 깊이 알기

### 聲容必靜 하며 頭容必直 하라.

옛 글자 → 현재 글자

'聲(소리 성)'은 옛 악기인 '경(磬)'의 소리를 귀로 듣는 모습을 그렸어요. 이 악기는 돌을 'ㄱ' 자 모양으로 깎아 틀에 매단 다음 때려서 소리를 내는데, 돌의 두께에 따라 소리가 다르다고 해요.

참고로 목소리로만 연기하는 배우를 '성우(聲優)'라고 해요. 이때 '聲'은 '소리'라는 뜻이에요. 하지만 '명성(名聲)'에서의 '聲'은 '소리'가 아니라, '명예'라는 뜻이지요. 또 어떤 단체가 자신들의 견해를 밝힌 글을 '성명서(聲明書)'라고 하는데, 여기서는 '발표하다'라는 뜻으로 쓰였어요.

 '聲(소리 성)'이 들어간 고사성어

허장성세(虛張聲勢): 실속은 없으면서 큰소리치거나 허세를 부림.

## 얼굴은 온화하게, 용모는 공손하게

色必思溫하며
색 필 사 온

貌必思恭하라.
모 필 사 공

얼굴빛은 반드시 온화하게 할 것을 생각하며
용모는 반드시 공손하게 할 것을 생각하라.

### 한자의 뜻과 음

| 色 | 必 | 思 | 溫 | 貌 | 必 | 思 | 恭 |
|---|---|---|---|---|---|---|---|
| 빛 색 | 반드시 필 | 생각 사 | 따뜻할 온 | 모양 모 | 반드시 필 | 생각 사 | 공손할 공 |

옛 선비들은 몸을 도를 담는 그릇이라고 생각했어요. 그래서 덕을 갖춘 선비라면 바른 몸가짐을 위해 아홉 가지 일을 마음속에 새겨야 한다고 했지요. 이것을 '구사(九思)'라고 해요. 여기에는 명백히 볼 것, 총명하게 들을 것, 부드러운 얼굴빛을 가질 것, 공손한 몸가짐을 할 것, 믿음 있는 말만 할 것, 일을 공경하고 삼갈 것, 의심나는 것을 물을 것, 분한 일을 당했을 때 사리를 따져 생각할 것, 이득을 보았을 때 의를 생각할 것이 있답니다. 여러분도 이 아홉 가지 일을 마음에 새겨 봐요. 어느 하나 뺄 것 없이 좋은 일이니까요.

122

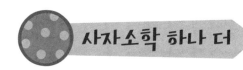
# 言必思忠하며 事必思敬하라.
언 필 사 충 사 필 사 경

말은 반드시 성실하게 할 것을 생각하며 일은 반드시 공손하게 할 것을 생각하라.

| 言 | 必 | 思 | 忠 | 事 | 必 | 思 | 敬 |
|---|---|---|---|---|---|---|---|
| 말씀 언 | 반드시 필 | 생각 사 | 충성 충 | 일 사 | 반드시 필 | 생각 사 | 공경 경 |

## 한자 깊이 알기

言必思忠하며 事必思敬하라.

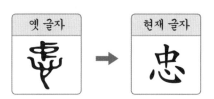

'忠(충성 충)'은 '中(가운데 중)'과 '心(마음 심)'을 합쳐 만들었어요. 뜻은 '心'에서 따오고, 소리는 '中'에서 따온 형성자*이지요. '忠'을 임금이나 국가에 바치는 충성으로만 생각하기 쉬워요. 하지만 옛글에서는 어떤 일에 정성을 다한다는 뜻으로도 자주 쓰인답니다.

영화 〈명량〉에서 이순신 장군이 이런 말을 해요. "장수 된 자의 의리는 충을 따르는 것이고, 그 충은 임금이 아니라 백성을 향해야 한다." 국민을 위해 일하는 사람이라면 누구나 기억해야 할 말이에요.

 '忠(충성 충)'이 들어간 고사성어

충언역이(忠言逆耳): 충직한 말은 귀에 거슬림.

* **형성자** 두 글자를 합하여 새 글자를 만드는 방법으로, 한쪽은 뜻을 나타내고 다른 쪽은 음을 나타냄

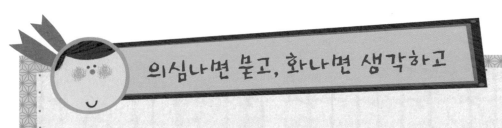

疑必思問하며
의 필 사 문

忿必思難하라.
분 필 사 난

의심날 때에는 반드시 물을 것을 생각하며
화가 날 때에는 반드시 어려워질 것을 생각하라.

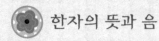 한자의 뜻과 음

| 疑 | 必 | 思 | 問 | 忿 | 必 | 思 | 難 |
|---|---|---|---|---|---|---|---|
| 의심할 의 | 반드시 필 | 생각 사 | 물을 문 | 성낼 분 | 반드시 필 | 생각 사 | 어려울 난 |

수학 문제를 풀다 모르는 것이 생기면 어떻게 했나요? 혹시 묻기 귀찮아서 그냥 넘겨 버리지는 않았나요? 그런데 다른 친구는 선생님에게 물어본 다음 꼭 이해하고 넘어갔어요. 처음에는 성적에 차이가 없었어요. 하지만 학기 말이 되면 눈에 띄게 차이가 날 거예요. 그때 깨닫게 되지요. 모르는 것이 생겼을 때 묻고 알려는 작은 습관 하나가 나중에는 큰 실력 차이를 만든다는 것을요.

화가 날 때에는 반드시 어려워질 것을 생각하라는 것은 화가 난다고 무조건 욕하고 싸우다 보면 나중에 꼭 후회할 일이 생기니 반드시 주의하라는 뜻이랍니다.

# 見得思義니 是日九思니라.
견 득 사 의 시 왈 구 사

얻을 것을 보면 의를 생각해야 하니 이것을 구사라고 말하느니라.

| 見 | 得 | 思 | 義 | 是 | 日 | 九 | 思 |
|---|---|---|---|---|---|---|---|
| 볼 견 | 얻을 득 | 생각 사 | 의로울 의 | 이 시 | 말하기를 왈 | 아홉 구 | 생각 사 |

## 한자 깊이 알기

見得思義니 是日九思니라.

옛 글자 → 현재 글자

'見(볼 견)'은 사람의 몸에 눈을 크게 그려, '보다'라는 뜻을 나타냈어요. '보다'라는 뜻을 가진 한자가 더 있어요. 그냥 보는 것은 '見(볼 견)', 자세히 보는 것은 '視(볼 시)', 목적을 가지고 어떤 것을 자세히 보는 것은 '觀(볼 관)'을 써요. 이렇듯 모두 '보다'로 풀이하지만 의미에는 다소 차이가 있어요.

여러분은 사람과 사물을 어떻게 보고 있나요? '見' 해야 할 것을 '視' 하고, '觀' 해야 할 것을 '見' 하고 있지는 않나요? 이제 상황에 맞게 보는 법을 알아봐요.

### 🔘 '見(볼 견)'이 들어간 고사성어

견물생심(見物生心): 어떠한 실물을 보게 되면 그것을 가지고 싶은 욕심이 생김.

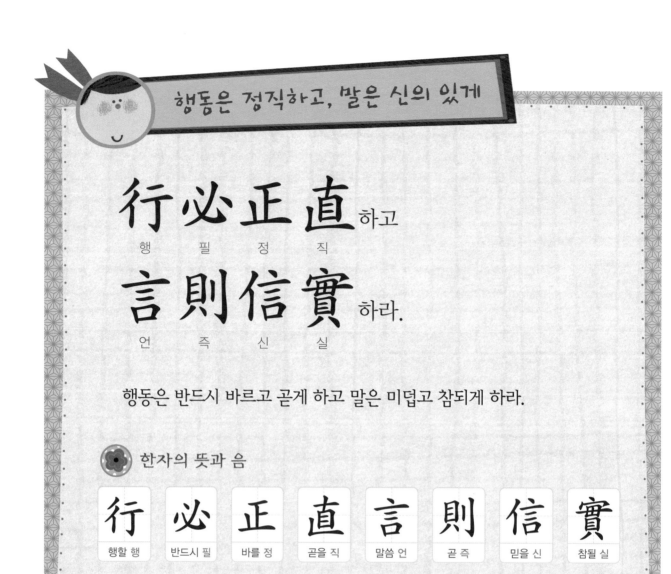

行必正直하고
행 필 정 직
言則信實하라.
언 즉 신 실

행동은 반드시 바르고 곧게 하고 말은 미덥고 참되게 하라.

**한자의 뜻과 음**

| 行 | 必 | 正 | 直 | 言 | 則 | 信 | 實 |
|---|---|---|---|---|---|---|---|
| 행할 행 | 반드시 필 | 바를 정 | 곧을 직 | 말씀 언 | 곧 즉 | 믿을 신 | 참될 실 |

거짓말을 하지 않는 친구와 온통 거짓말만 하는 친구. 꾸밈이 없어 겉과 속이 같은 친구와 겉과 속이 달라 그 속내를 알 수 없는 친구. 어떤 말을 하더라도 믿을 수 있는 친구와 어떤 말을 하더라도 믿을 수 없는 친구. 만나면 환하게 반겨 주는 친구와 인상 쓰며 욕부터 하는 친구.

여러분은 앞 친구와 뒤 친구 중에 누구와 더 친하게 지내고 싶나요? 아마 대부분 앞 친구를 선택할 거예요. 그렇다면 여러분도 앞 친구와 같은 사람이 되도록 노력해야겠죠?

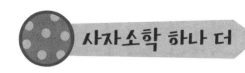 

容貌端正하고 衣冠整齊하라.
용 모 단 정　　의 관 정 제

용모는 바르게 하고 의관은 가지런하게 하라.

| 容 | 貌 | 端 | 正 | 衣 | 冠 | 整 | 齊 |
|---|---|---|---|---|---|---|---|
| 얼굴 용 | 모양 모 | 바를 단 | 바를 정 | 옷 의 | 갓 관 | 가지런할 정 | 가지런할 제 |

 한자 깊이 알기

行必正直하고 言則信實하라.

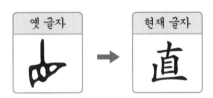

옛 글자 → 현재 글자

'直(곧을 직)'은 나무를 똑바로 깎았는지 눈을 대고 살피는 모습을 그렸어요. 물체가 똑바로 서 있는지 눈으로 살피는 모습이란 주장도 있지요. 둘 모두 충분한 가능성이 있어 어떤 주장이 맞는지는 확실하지 않아요. 나중에 세로선이 '十(열 십)' 모양으로 바뀌고, 'ㄴ' 모양이 추가되어 지금의 '直'이 되었답니다.

참고로 '直'은 굽거나 비뚤지 아니하고 똑바르다는 뜻 말고도, 마음이나 뜻이 흔들림 없이 바르다는 뜻으로도 쓰여요.

● '直(곧을 직)'이 들어간 고사성어

단도직입(單刀直入): 혼자서 칼 한 자루를 들고 적진으로 곧장 쳐들어간다는 뜻으로, 여러 말을 늘어놓지 아니하고 바로 요점이나 본문제를 말함.

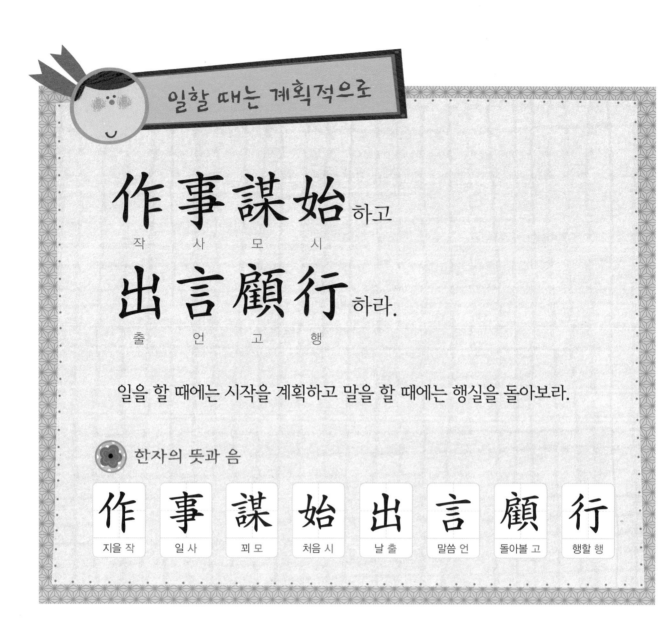

# 作事謀始하고
작 사 모 시

# 出言顧行하라.
출 언 고 행

일을 할 때에는 시작을 계획하고 말을 할 때에는 행실을 돌아보라.

### 🌸 한자의 뜻과 음

| 作 | 事 | 謀 | 始 | 出 | 言 | 顧 | 行 |
|---|---|---|---|---|---|---|---|
| 지을 작 | 일 사 | 꾀 모 | 처음 시 | 날 출 | 말씀 언 | 돌아볼 고 | 행할 행 |

　근처로 잠깐 소풍을 가는 사람은 간단한 먹을거리만 준비하면 돼요. 하지만 큰일을 하려고 오랜 여행을 계획한 사람은 많은 음식을 준비해야 해요. "백 리 길을 가는 자는 하룻밤 걸려 곡식을 찧어야 하고, 천 리 길을 가는 자는 석 달 동안 식량을 모아야 한다."라는 옛말도 있잖아요.

　여러분은 어떤 일을 계획하고 어떻게 준비하고 있나요? 혹시 계획만 거창하게 짜고서 하루 먹을 식량만 준비해 놓고 놀고 있지는 않나요? 준비만 하다 출발하지 못하는 것도 우습지만, 충분한 준비 없이 무작정 떠나 낭패를 보는 것도 조심해야 한답니다.

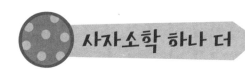

居處必恭하고 步履安詳하라.
거 처 필 공 보 리 안 상

거처를 반드시 공손히 하고 걸음걸이를 편안하고 침착하게 하라.

| 居 | 處 | 必 | 恭 | 步 | 履 | 安 | 詳 |
|---|---|---|---|---|---|---|---|
| 살 거 | 곳 처 | 반드시 필 | 공손할 공 | 걸음 보 | 밟을 리 | 편안 안 | 자세할 상 |

 한자 깊이 알기

居處必恭하고 步履安詳하라.

옛 글자 → 현재 글자

'步(걸음 보)'는 오른발 위에 왼발을 그려, 걷는 모습을 나타냈어요. '步'는 거리의 단위로도 쓰여요. 한 보는 한 걸음 정도의 거리를 말하지요. 걸음을 걸을 때 앞발 뒤 축에서 뒷발 뒤축까지의 거리를 '보폭(步幅)'이라고 한답니다.

사람이 태어나 스스로 걷기까지 평균 11개월 정도의 시간이 걸린다고 해요. 사람들은 그 이후부터 죽을 때까지 걸어요. 그러니 걸음걸이가 건강과 아주 밀접하다는 말이 틀린 말은 아니죠. 이제 몸을 바로 세우고 발뒤꿈치가 땅에 먼저 닿도록 걸어 봐요. 이렇게 바른 걸음을 걸어야 오래도록 건강하다고 해요.

 '步(걸음 보)'가 들어간 고사성어

오십보백보(五十步百步): 조금 낫고 못한 정도의 차이는 있으나 본질적으로는 차이가 없음.

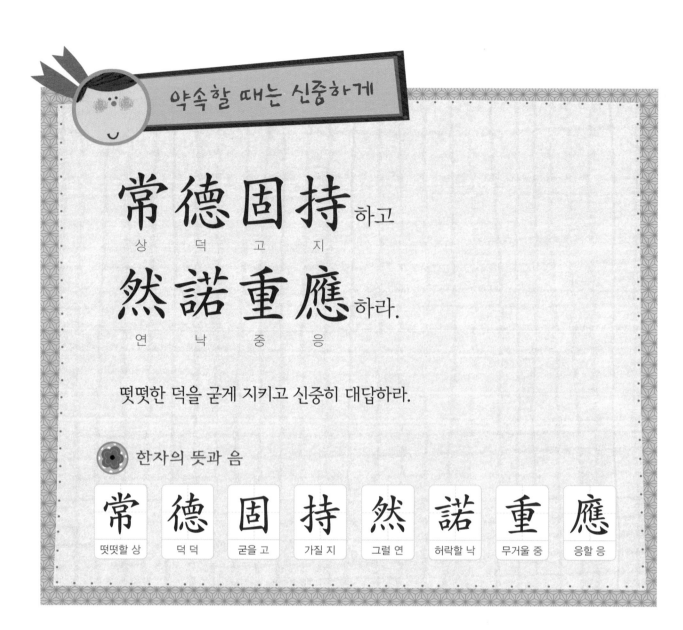

# 常德固持하고
## 상 덕 고 지
# 然諾重應하라.
## 연 낙 중 응

떳떳한 덕을 굳게 지키고 신중히 대답하라.

### 한자의 뜻과 음

| 常 | 德 | 固 | 持 | 然 | 諾 | 重 | 應 |
|---|---|---|---|---|---|---|---|
| 떳떳할 상 | 덕 덕 | 굳을 고 | 가질 지 | 그럴 연 | 허락할 낙 | 무거울 중 | 응할 응 |

　　떳떳한 덕을 굳게 지키라는 말은 사람으로서의 도리를 지키기 위해 노력하라는 뜻이에요. 부모님께 효도하고, 형제 간에 우애 있고, 웃어른께 공손하고, 친구와 의리를 지키며 살라는 뜻이지요.

　　허락할 때 신중히 대답하라는 말은 지킬 수 없는 약속은 처음부터 하지 말라는 뜻이에요. 스스로 하겠다고 약속한 일은 어떻게 해서든 지켜야 해요. 그렇지 않으면 사람들의 신뢰를 잃게 되지요. 그러니 약속을 할 때는 자신의 상황을 곰곰이 생각해 허락하도록 해요.

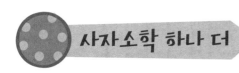
飮食愼節하고 言語恭遜하라.
음 식 신 절　　　언 어 공 손

먹고 마실 때에는 삼가고 절제하며 언어를 공손히 하라.

| 飮 | 食 | 愼 | 節 | 言 | 語 | 恭 | 遜 |
|---|---|---|---|---|---|---|---|
| 마실 음 | 먹을 식 | 삼갈 신 | 절제할 절 | 말씀 언 | 말씀 어 | 공손할 공 | 겸손할 손 |

 한자 깊이 알기

常德固持하고 然諾重應하라.

'重(무거울 중)'은 봇짐을 등에 지고 힘겹게 걸어가는 모습을 그려, '무겁다'라는 뜻을 표현했어요. 오랜 시간 걷다 보면 아무리 간단한 짐이라도 무겁게 느껴지잖아요? '重'은 '소중하다' 또는 '거듭되다'라는 뜻으로도 쓰여요. '귀중(貴重)'에서는 소중하다라는 뜻으로, '중복(重複)'에서는 거듭되다라는 뜻으로 쓰였지요.

여러분이 '무겁다'를 그림으로 표현하면 어떻게 그릴 것인가요? 아마도 옛사람과 비슷하게 그리지 않을까요?

● '重(무거울 중)'이 들어간 고사성어

애지중지(愛之重之): 매우 사랑하고 소중히 여기는 모양.

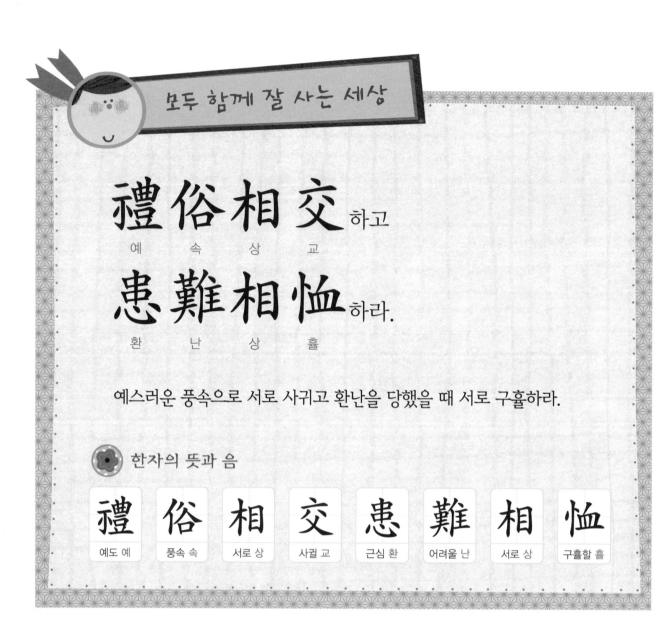

# 모두 함께 잘 사는 세상

## 禮俗相交하고
예 속 상 교

## 患難相恤하라.
환 난 상 휼

예스러운 풍속으로 서로 사귀고 환난을 당했을 때 서로 구휼하라.

### 한자의 뜻과 음

| 禮 | 俗 | 相 | 交 | 患 | 難 | 相 | 恤 |
|---|---|---|---|---|---|---|---|
| 예도 예 | 풍속 속 | 서로 상 | 사귈 교 | 근심 환 | 어려울 난 | 서로 상 | 구휼할 휼 |

인터넷상에서 악성 댓글을 보면 어떤 생각이 드나요? 당연히 사람들이 악성 댓글 쓰는 것을 그만두었으며 하고 바라지요? 무심코 내뱉은 말이나 욕설이 누군가에게 씻을 수 없는 상처를 주기도 하니까요.

어려운 일을 당한 사람을 돕기 위해 네티즌이 발 벗고 나서면 또 어떤 생각이 드나요? 더 많은 네티즌이 알고 도와서 그 사람이 빨리 기운을 차리길 바랄 거예요.

이렇게 좋은 일은 서로 권하고 안 좋은 일을 말린다면 우리가 사는 곳 은 좀 더 좋은 세상이 되겠지요?

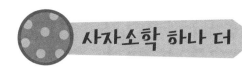
# 貧窮困厄에는 親戚相救하라.
### 빈 궁 곤 액　　친 척 상 구

가난과 재앙이 있을 때에는 친척들이 서로 구원하라.

| 貧 | 窮 | 困 | 厄 | 親 | 戚 | 相 | 救 |
|---|---|---|---|---|---|---|---|
| 가난할 빈 | 궁할 궁 | 곤할 곤 | 재앙 액 | 친척 친 | 친척 척 | 서로 상 | 구원할 구 |

 한자 깊이 알기

## 禮俗相交하고 患難相恤하라.

　'相(서로 상)'은 나무 옆에 눈을 그려, 좋은 나무인지를 살피기 위해 자세히 본다는 뜻을 표현했어요. 옛날에는 작은 물건부터 큰 집까지 나무로 만들지 않은 것이 거의 없었으니까요. '相'은 원래 '보다'라는 의미였지만 지금은 '서로'·'재상'·'관상을 보다' 등의 뜻으로 더 많이 쓰이고 있어요.

　잘 살펴서 좋은 나무를 얻으면 좋은 물건을 만들 수 있어요. 하지만 이것보다 더 중요한 것이 있어요. 바로 물건을 만드는 사람이에요. 누가 만드느냐에 따라 좋은 재료가 빛을 발하기도 하고 쓸모없어지기도 하니까요.

### 🌸 '相(서로 상)'이 들어간 고사성어

동병상련(同病相憐): 같은 병을 앓는 사람끼리 서로 가엾게 여긴다는 뜻으로, 어려운 처지에 있는 사람끼리 서로 가엾게 여김.

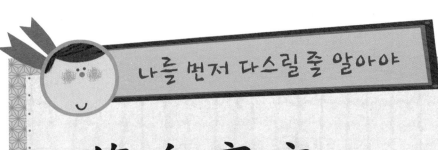

# 修身齊家는
수 신 제 가
# 治國之本이니라.
치 국 지 본

자기 몸을 닦고 집안을 가지런히 하는 것은 나라를 다스리는 근본이니라.

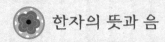 한자의 뜻과 음

| 修 | 身 | 齊 | 家 | 治 | 國 | 之 | 本 |
|---|---|---|---|---|---|---|---|
| 닦을 수 | 몸 신 | 가지런할 제 | 집 가 | 다스릴 치 | 나라 국 | 어조사 지 | 근본 본 |

　　선생님께서 학급의 쾌적한 환경을 위해 일할 환경 부장을 뽑는다고 하셨어요. 그런데 평소에 책상이 지저분하고 쓰레기를 아무 데나 버리는 친구가 그 일을 하겠다고 나서면 어떨 것 같나요? 아마 평소 모습을 아는 아이들은 그 친구를 향해 야유를 보낼 거예요. 자신의 주변도 치우지 못하는 사람이 어떻게 학급 전체의 환경을 위해 일할 수 있겠어요? 이처럼 옛사람들은 개인을 잘 다스린 다음에야 나라를 위해 큰일을 할 수 있다고 생각했답니다.

134

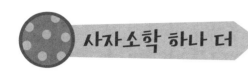 

# 讀書勤儉은 起家之本이니라.
독 서 근 검 기 가 지 본

글을 읽고 검소하게 살기에 힘쓰는 것은 집안을 일으키는 근본이니라.

| 讀 | 書 | 勤 | 儉 | 起 | 家 | 之 | 本 |
|---|---|---|---|---|---|---|---|
| 읽을 독 | 글 서 | 부지런할 근 | 검소할 검 | 일어날 기 | 집 가 | 어조사 지 | 근본 본 |

 한자 깊이 알기

## 修身齊家는 治國之本이니라.

옛 글자 → 현재 글자
吅 → 國

'國(나라 국)'은 입과 창을 그렸어요. 입은 사람을 뜻하고, 창은 군사력을 뜻하지요. 옛날에는 나라와 나라의 경계가 지금처럼 명확하지 않았어요. 그래서 나라를 이루는 가장 기본적인 요소인 사람과 군사력을 가지고 표현한 거지요. 네모난 모양이 입을 뜻하는 것이 아니라 울타리나 영토를 나타낸다는 주장도 있어요. 창을 가지고 영토를 지킨다는 뜻으로 말이에요. 국가를 이루기 위해서는 영토, 국민, 군사력이 있어야 해요. 이 중 제일 중요한 건 무엇일까요? 바로 국민이랍니다. 국민이 없다면 그 국가는 존재 자체가 불가능하니까요.

 '國(나라 국)'이 들어간 고사성어

경국지색(傾國之色): 임금이 혹하여 나라가 기울어져도 모를 정도의 미인이라는 뜻으로, 뛰어나게 아름다운 미인.

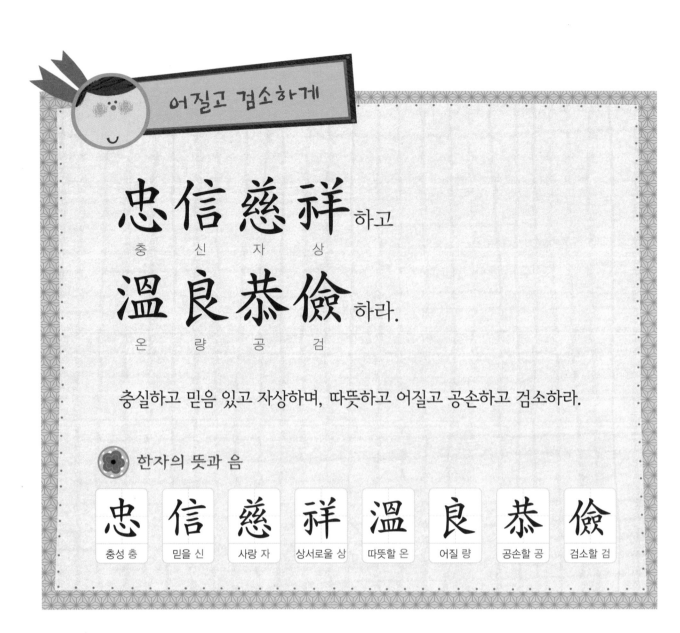

# 忠信慈祥하고
충 신 자 상

# 溫良恭儉하라.
온 량 공 검

충실하고 믿음 있고 자상하며, 따뜻하고 어질고 공손하고 검소하라.

## 한자의 뜻과 음

| 忠 | 信 | 慈 | 祥 | 溫 | 良 | 恭 | 儉 |
|---|---|---|---|---|---|---|---|
| 충성 충 | 믿을 신 | 사랑 자 | 상서로울 상 | 따뜻할 온 | 어질 량 | 공손할 공 | 검소할 검 |

'온량공검(溫良恭儉)'은 공자의 인격과 행동을 평가한 말로, 인격을 갖춘 사람이 가져야 할 덕을 가리켜요. 여기에서, '溫(따뜻할 온)'은 마음이나 태도가 따뜻하고 부드러우며 너그럽다는 뜻이에요. '良(어질 량)'은 마음이 편하고 고요하면서도 곧은 의지를 가지고 있음을 말해요. '恭(공손할 공)'은 말이나 태도가 공손하지만 위엄이 있고 정중하다는 뜻이에요. 힘 있는 사람에게 비굴하게 굽실거리는 공손함이 아니지요. '儉(검소할 검)'은 절제하는 마음을 가지고 있어 함부로 행동하지 않는다는 뜻이에요. 어때요? 이 네 가지만 잘 지켜도 인격적으로 완성된 사람이 되는 건 시간문제겠죠?

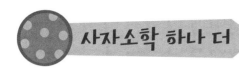
# 人之德行은 謙讓爲上이니라.
인 지 덕 행 겸 양 위 상

사람의 덕행은 겸손과 사양이 제일이니라.

| 人 | 之 | 德 | 行 | 謙 | 讓 | 爲 | 上 |
|---|---|---|---|---|---|---|---|
| 사람 인 | 어조사 지 | 덕 덕 | 행할 행 | 겸손할 겸 | 사양할 양 | 될(할) 위 | 위 상 |

## 한자 깊이 알기

### 人之德行은 謙讓爲上이니라.

'上(위 상)'은 선 위에 선 하나를 더 그어 '위'를 표현했어요. 눈에 보이지 않는 생각이나 뜻을 선을 이용해 나타낸 거지요. '木(나무 목)'에 선을 그어 '本(근본 본)'을 만든 것처럼 말이에요.

사람은 위로만 올라가려고 해요. 그런데 올라간다고 위가 없어지는 게 아니에요. 올라가면 또 다른 위가 기다리고 있지요. 아무리 올라가도 항상 위는 존재하니까요. 이제 스스로 다짐해 봐요. 위만 쳐다보지 말고 옆도 살피고 뒤도 돌아보는 사람이 되자고 말이에요.

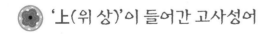 '上(위 상)'이 들어간 고사성어

금상첨화(錦上添花): 비단 위에 꽃을 더한다는 뜻으로, 좋은 일 위에 또 좋은 일이 더하여짐.

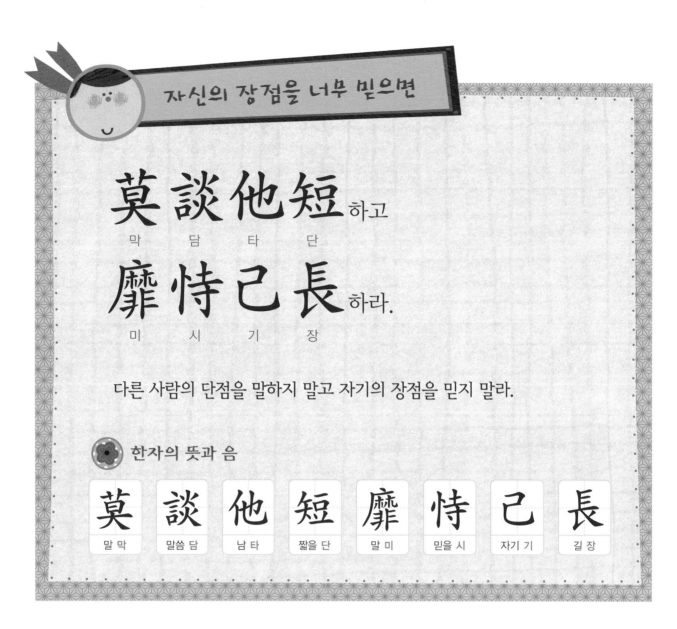

# 莫談他短하고
막 담 타 단

# 靡恃己長하라.
미 시 기 장

다른 사람의 단점을 말하지 말고 자기의 장점을 믿지 말라.

## 🌸 한자의 뜻과 음

| 莫 | 談 | 他 | 短 | 靡 | 恃 | 己 | 長 |
|---|---|---|---|---|---|---|---|
| 말 막 | 말씀 담 | 남 타 | 짧을 단 | 말 미 | 믿을 시 | 자기 기 | 길 장 |

'대체로 헤엄을 잘 치는 사람이 물에 빠지고, 말을 잘 타는 사람이 말에서 떨어진다. 좋아하는 것이 도리어 자신에게 해를 끼치기도 한다.'라는 옛말이 있어요. 이 말은 본인이 어떤 일을 잘한다고 생각하면 교만해져 실수하기 쉽다는 뜻이에요.

아무리 자신 있는 일이라도 실패해 크게 낭패를 보는 경우가 있어요. 그러니 자신을 너무 믿기에 앞서 한 번 더 꼼꼼하게 살펴야 하지 않을까요? 원숭이도 나무에서 떨어질 수 있는 법이니까요.

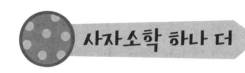사자소학 하나 더

# 己所不欲을 勿施於人하라.
기 소 불 욕 물 시 어 인

자기가 하고 싶지 않는 것을 남에게 시키지 말라.

| 己 | 所 | 不 | 欲 | 勿 | 施 | 於 | 人 |
|---|---|---|---|---|---|---|---|
| 자기 기 | 바 소 | 아닐 불 | 하고자 할 욕 | 말 물 | 베풀 시 | 어조사 어 | 사람 인 |

한자 깊이 알기

己所不欲을 勿施於人하라.

| 옛 글자 | 현재 글자 |
|---|---|
| 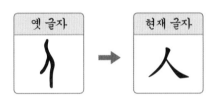 | |

'人(사람 인)'은 사람의 옆모습을 간단하게 그렸어요. 원래는 사람을 정면에서 본 모습을 그린 '大(큰 대)'가 사람을 나타냈다고 해요. 그런데 이것이 크다는 뜻으로 쓰이기 시작하면서 '人' 자를 새로 만들었다는 주장이 있지요.

흔히, 사람이 마땅히 갖추어야 할 품격에 맞지 않는 일을 하면 '사람답지 못하다.'라고 이야기해요. 반면에 '사람 참 좋다.'라고 하면 됨됨이가 좋다는 뜻이지요. 사람이란 말에는 참 여러 가지 뜻이 있어요. 혹시 그 이유가 사람이 사람과 어울려 살아가는 데 갖추어야 할 덕목이 여러 가지이기 때문은 아닐까요?

 '人(사람 인)'이 들어간 고사성어

인산인해(人山人海): 사람이 산을 이루고 바다를 이루었다는 뜻으로, 사람이 수없이 많이 모인 상태를 이르는 말.

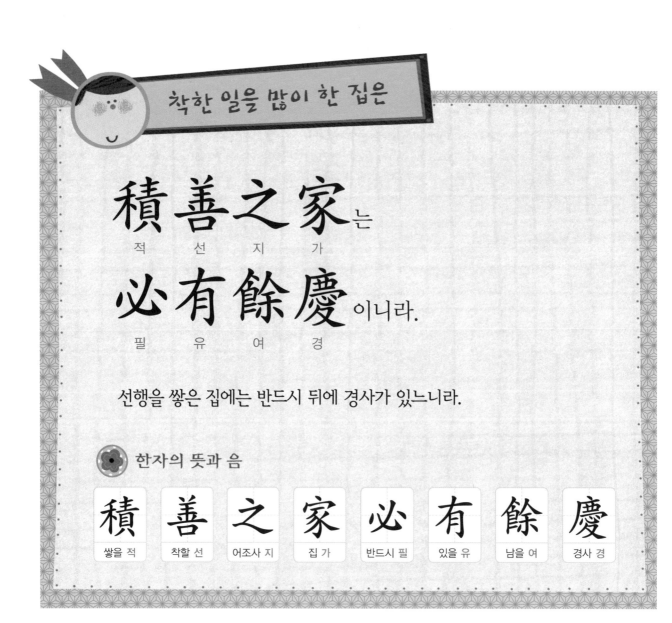

착한 일을 많이 한 집은

積善之家는
적 선 지 가

必有餘慶이니라.
필 유 여 경

선행을 쌓은 집에는 반드시 뒤에 경사가 있느니라.

한자의 뜻과 음

| 積 | 善 | 之 | 家 | 必 | 有 | 餘 | 慶 |
|---|---|---|---|---|---|---|---|
| 쌓을 적 | 착할 선 | 어조사 지 | 집 가 | 반드시 필 | 있을 유 | 남을 여 | 경사 경 |

흔히 착하면 손해라고 말해요. 모두 제 잇속을 챙기는데 혼자 가만히 있으면 손해를 본다는 뜻이지요. 그런데 왜 가만히 있는 걸까요?

어쩌면 소심해서 차마 말을 못 했을 거예요. 착하다기보다 마음이 약하고 여린 거지요. 이런 일이 반복되면 스스로 주눅이 들어 살아요. 또 다른 경우가 있어요. 조금 손해 보는 것을 알아도 양보하는 거예요. 이것은 마음의 여유가 있어야 가능해요. 겉으로 이 둘은 비슷해 보여요. 하지만 둘의 삶의 방식이나 사람을 대하는 태도는 전혀 다르답니다.

어른들은 약간 손해를 보고 살라는 말을 해요. 약간 손해를 보아도 베풀며 사는 것이 도리어 마음에 평온을 준다는 것을 오랜 경험으로 아는 거지요.

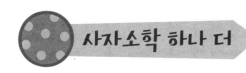

# 不善之家는 必有餘殃이니라.

불 선 지 가 필 유 여 앙

선하지 못한 집에는 반드시 뒤에 재앙이 있느니라.

| 不 | 善 | 之 | 家 | 必 | 有 | 餘 | 殃 |
|---|---|---|---|---|---|---|---|
| 아닐 불 | 착할 선 | 어조사 지 | 집 가 | 반드시 필 | 있을 유 | 남을 여 | 재앙 앙 |

## 한자 깊이 알기

### 積善之家는 必有餘慶이니라.

| 옛 글자 | 현재 글자 |
|---|---|
|  → |  |

'家(집 가)'는 집 안에 돼지를 그려, 짐승을 가두어 기르는 '우리'를 나타냈어요. 이 뜻이 변해 사람이 사는 집을 가리키게 된 것이죠. 다른 주장도 있어요. 옛날에는 돼지랑 집 안에서 함께 살았다고 해요. 먹을거리가 부족했던 시절이니, 소중한 가축을 밖에 함부로 묶어 두기 어려웠겠죠. 돼지가 사는 곳이 우리가 아니라 집이었던 거죠. 이 두 주장 모두 믿을 만해 보이지요?

집이란 사람에게 없어서 안 되는 곳이에요. 사람은 어디를 가서 무엇을 하든 결국 집으로 돌아가려 해요. 왜일까요? 바로 지친 나를 따뜻하게 감싸 줄 가족이 있기 때문 아닐까요?

 '家(집 가)'가 들어간 고사성어

가화만사성(家和萬事成): 집안이 화목하면 모든 일이 잘된다는 말.

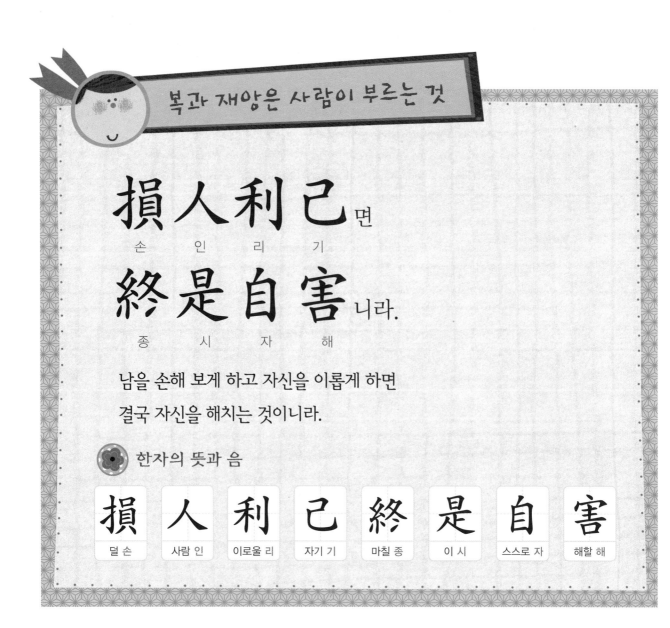

# 損人利己면
## 終是自害니라.

남을 손해 보게 하고 자신을 이롭게 하면
결국 자신을 해치는 것이니라.

### 한자의 뜻과 음

| 損 | 人 | 利 | 己 | 終 | 是 | 自 | 害 |
|---|---|---|---|---|---|---|---|
| 덜 손 | 사람 인 | 이로울 리 | 자기 기 | 마칠 종 | 이 시 | 스스로 자 | 해할 해 |

나의 이익만 생각해 다른 사람에 상처를 주고 손해까지 입혔다면 어떻게 될까요? 조금씩 나누어 가질 수 있었는데도 욕심을 부린 거라면 말이죠. 당연히 사람들이 손가락질할 거예요. 그냥 무시하고 아무 일 없는 듯이 살 수는 있어요. 하지만 모두가 기억할 거예요. 그리고 언젠가 여러분에게 어려움이 닥쳤을때, 선뜻 손 내밀어 돕지 않을 거랍니다. 만약 여러분이 실패하기라도 하면 "뿌린 대로 거둔다고 하더니, 옛말이 하나도 틀린 게 없어."라며 고소하게 여길 거예요.

세상은 혼자 사는 곳이 아니에요. 반드시 누군가와 함께 살아야 하고, 무엇인가를 주고받아야 해요. 그래서 이왕이면 좋은 것과 좋은 마음을 서로 나누며 살라고 하는 거예요.

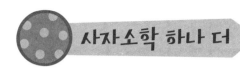
**사자소학 하나 더**

## 禍福無門<sub>하여</sub> 惟人所召<sub>니라.</sub>
화 복 무 문 　 유 인 소 소

재앙과 복은 문이 없어 오직 사람이 불러들이는 것이니라.

| 禍 | 福 | 無 | 門 | 惟 | 人 | 所 | 召 |
|---|---|---|---|---|---|---|---|
| 재앙 화 | 복 복 | 없을 무 | 문 문 | 오직 유 | 사람 인 | 바 소 | 부를 소 |

**한자 깊이 알기**

## 損人利己<sub>면</sub> 終是自害<sub>니라.</sub>

 →
옛 글자 　 현재 글자
利

'利(이로울 리)'의 옛 글자는 왼쪽에 벼를 그리고 오른쪽에 쟁기를 그렸어요. 사이에 점 두 개도 보이네요. '利'는 원래 쟁기로 땅을 일구고 벼를 심는다는 뜻이었다고 해요. 두 점은 쟁기질할 때 흙이 튀는 모양을 표현한 거지요. 농사를 지으면 나중에 벼를 수확할 테니 이득이 생기는 거겠죠? 이득이 생긴다는 것은 결국 이로운 거고요. 다른 주장도 있어요. 오른쪽에 있는 쟁기를 칼로 보는 경우예요. 칼로 벼를 베니 이득이 생겨 이롭다고 말하지요. 양쪽 주장 모두에 고개가 끄덕여지지 않나요?

 '利(이로울 리)'가 들어간 고사성어

**견리사의(見利思義)**: 눈앞의 이익을 보면 의리를 먼저 생각함.

147